余命3年
社長の夢

北洋建設株式会社代表取締役
小澤輝真

あさ出版

「見えない橋」から
「見える橋」へ

本書の売上の一部は元受刑者の就労支援の活動費に使用されます。

はじめに

2012年、病を発症した。

病名は「脊髄小脳変性症《せきずいしょうのうへんせいしょう》」。

小脳などの神経細胞が少しずつ萎縮していく進行性の病気で、言語や運動の機能に障害が起こる。それによって発症後、徐々に話ができなくなり、歩行が困難になっていく。やがて、肺機能が低下し、呼吸が止まる。

身体障害者手帳で、僕は障害の程度がもっとも高い1種1級に分類されている。

お医者さんからは、「余命はおよそ10年でしょう」とつげられた。


それから7年がたった。

計算上では余命3年になる。

前よりも話し方がたどたどしくなっているし、車いすなしでは移動できない。

指が震えるから、ペンや箸もうまく扱えない。

携帯電話はガラケーに変えた。スマートフォンだと指がすべってうまく入力できないからだ。パソコンは、人差し指でパチパチ入力している。

僕は、北海道にある北洋建設という会社の代表取締役、経営者だ。

北洋建設は、名前の通り建設業で、主に工事現場の足場の組み立てや、解体工事などを請け負っている。

そんな重病で、社長なんて務まるのかと思われるかもしれない。

確かに、身体は満足に動かすことができないので、現場に出ることはなくなった。

でも僕の場合、大脳の機能はまったく正常だ。

だから頭はクリアで、自分の身体がどのような状態にあるかよくわかる。それゆえにもどかしいこともあるが、気にしていてもしょうがない。

やるべきことがあるからだ。

僕がやっていること、それは元受刑者たちの居場所づくり。

この国には前科がつくだけで、とたんに人生の選択肢が狭まる現実がある。

その最たるものが仕事だ。

罪を犯した人を雇用しようとする会社は、きわめて少ない。


しかし、罪をつぐない社会に復帰したのに仕事につけなかったらどうなるか。

仕事につけなければ、お金を稼ぐことができない、すなわち生活の基盤を得られない。そうすると、再び犯罪に手を染める可能性が高くなる。

なかには、刑務所に戻るために、わざと罪を犯すものもいる。眠る場所があり、食事もついている刑務所の方が、外よりも生活環境がいいというのがその理由だ。そんなことがあっていいのだろうか。


受刑者が1年間刑務所で過ごすと、およそ300万円のお金がかかるという。その財源は税金だ。

一方で、元受刑者が職につけば、彼らは納税をする立場になる。なによりも、仕事につき、稼ぎを得て、住む場所を持ち、普通に暮らすことができれば、再犯の可能性は限りなく低くなる。

そしてそれは、その人の幸せにつながるし、社会全体の幸せにもつながっていくと僕は信じている。

人は仕事さえあれば再犯しない。

だから、僕は、元受刑者の就労を支援する活動を行っている。

制度や環境を整えるための取り組みはもちろん、自分の会社でも積極的に受け入れをしている。現在社員62人のうち、元受刑者は13人、執行猶予などで前科だけがついているものも含めれば21人だ。これまで雇用した元受刑者は５００人超。法務省からは、日本でいちばんではないかと言われている。大学院に通って、再犯と雇用に関する修士論文も書いた。

もちろん、彼ら全員が定着するわけではない。元受刑者を受け入れても、最終的に会社に残るのはおよそ1～2割。以前に比べると定着率があがってきているが、少なくとも8割の人が辞めていく。

きちんと退職届を出して辞めていくのであればいい。そのような人たちは、転職をするとか、技術を身につけたから地元に帰るとかといった、社会に根を張るための明確な目的がある。むしろそうした退職は奨励している。しかし、実際にはそういう人は少数で、ある日突然、行方不明になる社員も少なくない。

いなくなるのは残念だが、北洋建設は来るものは拒まず、去るものは追わず、という会社だ。雇ってみなければ、その人がどういう人だかはわからない。それは、元受刑者でもそうでない人でも同じだろう。入社して働きたいというのであれば、まずは信じて採用する。こちらが信じなければ、相手も信じてくれない。

一方で、会社に残った元受刑者たちは、本当に一所懸命仕事をする。

家庭を持ったものも少なくないし、独立をして経営者になった人もいる。

少数でも更生した彼らの姿を見るのは、何物にも代えがたい幸せだ。

だから、僕は、全国の刑務所等に、北洋建設の採用ポスターを貼ってもらい、毎月、採用面接のために足を運ぶ。これまで足を運んだ数は２００以上にのぼる。

面接のための交通費は二人分出るが、ここしばらくは体調がおもわしくないので、秘書のほかに、妻にもついてきてもらっている。その分は、自腹だ。

また、もし採用が決まると、出所地から本社がある札幌までの交通費、生活用品一式、資格取得費など一人あたり約40万円のお金がかかる。

当然ながら、元受刑者にそんなお金がある人はほぼいない。国の助成もあるが、満額支払われることは少ない。そうすると、僕が個人でお金を出すことになる。もっとも個人のお金にも限りがあって、そのため所有している土地やマンションを売ったこともある。

先ほども書いたように、元受刑者全員が定着するわけではない。入社早々にいなくなるものも多い。そうすると、受け入れのために使ったお金は「無駄」になる。

これまで、2億円以上お金を使ってきたが、単純計算で1億6000万円の「損」をしたわけだ。

なぜ、そんな思いまでして、受け入れをしているのか。そう感じる人も、少なくないだろう。

とはいえ、僕自身は「無駄」にしたとか、「損」をしたとは、あまり思っていない。そのように思えるのは、僕のこれまでの人生経験によるところが大きいのだろう。

＊＊＊

僕は、初めてメールをいただいた人には、返信をするとき、定型文をつけて送っていて、そのなかに次のような一文がある。

「私は脊髄小脳変性症という難病で1種1級です。字も書けず、歩けません。余命があります」

最近、この「余命があります」には二通りの意味があると思うようになった。

一つは、文字通り、命が限られているということ。ともすれば、悲観的にとらえがちだが、よく考えれば、永遠に生きられる人なんていない。誰にもいずれ死は訪れる。多くの人は、それがいつなのかわからないだけで、僕の場合、それがぼんやり見えている。それだけの違いなのだろう。

もちろん、余命3年と言われていても、その間は大丈夫というわけではない。実際、昨年と一昨年、咳が止まらなくなり、呼吸困難になって集中治療室行きになった。かなり危ない状態だったという。これをお読みのあなただって、明日、100%生きていられる保証はない。誰もが余命を抱えて生きている。僕はそれを意識せざるを得ない状況にいるだけだ。

もう一つ、「余命があります」は、できないことは多くても「命はある」ともとらえることができる。うまく話せなくても、文字は書けなくても、歩けなくても、命があればやれることはある。何もやれないということはない。

だから僕は、行動し続ける。
残された時間を無駄にできない。
今できることを精いっぱいやる。

２０１９年５月

小澤輝真

第1章　余命宣告

第2章

経営者になる

第3章

仕事と再犯

第4章

霞が関

第5章

大切なもの

第1章

余命宣告

宿命

「ついにこの日がきたか」

37歳で病名をつげられ、余命宣告をされたとき、最初にわきあがったのはそんな感情だった。

病の兆候は、言葉に表れた。ろれつが、回りにくくなったのだ。

僕は、お酒が大好きだ。若いころから、社員たちと、毎晩のように酒をくみかわしてきた。最初は前日の酒がまだ抜けていないのかと思った。「さすがに飲みすぎだから、少し控えよう」。それくらい酒を飲む。

だが、数日酒を控えても、口がうまく回らない。しかも、理由もなく急に転ぶことが増えた。実際、この時期、何人かの社員は僕が足を引きずるようにして歩いている様子に気づいたという。

脳梗塞ではなさそうだが、さすがにおかしいということで、北海道大学病院の神経内科で検査を受けることにした。

病院では、ＭＲＩをとるなど、いろいろな検査をした。

そしてつげられたのが「脊髄小脳変性症（ＳＣＤ）」だった。

お医者さんによると、この病気にかかると、小脳と脊髄などが萎縮し、神経細胞が徐々に死んでいく。そして、それによって、さまざまな機能に障害が生じるのだという。初期症状は、ろれつが回らないとか、歩くとふらふらするとかといったことや、指をうまく動かせないなどの症状、つまり僕がこのとき感じていた自覚症状がぴたりと当てはまっていた。

病気が進むと、徐々に手足が動かなくなり、話ができなくなる。

また、嚥《えん》下《げ》障害が起こって、気道に食べ物が入りやすくなり、むせるなどの誤嚥につながるのだそうだ。

最終的には、肺の機能が低下して、呼吸が止まるという。


脊髄小脳変性症は、バケツに入った氷水を頭からかぶる、アイス・バケツ・チャレンジという運動で有名になった「筋《きん》萎《い》縮性《しゅくせい》側索硬《そくさくこう》化《か》症《しょう》（ALS）」と似ていると言われている。筋萎縮性側索硬化症は最初、脊髄小脳変性症と区別がつかない。65歳を過ぎて発症することが多く、進行が早い。一方、僕の病気は年齢に関係なく発症して、進行が遅いといわれる。また、パーキンソン症候群などいろいろな病気を併発するそうだ。

最初、過度な飲酒を疑ったと書いたが、あながち的外れではなく、実はアルコールなどが原因で、小脳や脊髄が萎縮することもわかっている。ただし、脊髄小脳変性症の原因は、アルコールではない。

アルコールが原因なら、治す方法もあるのだそうだが、脊髄小脳変性症の治療法は、今日現在、有効なものが見つかっていない。

このように脊髄小脳変性症は、原因が不明で有効な治療法も確立されていない、いわゆる不治の病だ。日本では10万人に5～10人の割合で患者がおり、厚生労働省が難病として指定している。

『1リットルの涙』という本をご存じだろうか。昔、沢尻エリカさん主演でドラマ化されたので、覚えている方もいるかもしれない。あの本の作者である木藤亜也さんが闘ったのがこの病気だ。

お医者さんは僕にこう言った。

「余命は10年くらいですね」

なぜ、「ついにこの日がきたか」と思ったのか。
実は、脊髄小脳変性症のことはずっと前から知っていた。
『1リットルの涙』を読んでいたからではない。

父方の祖母がこの病気で命を落とした。
父方の伯父がこの病気で命を落とした。
父方の伯母がこの病気で命を落とした。
北洋建設の創業者である父もこの病気で命を落とした。
小澤家にとって、この病は逃れられない宿命なのだ。

時を同じくして、姉も脊髄小脳変性症を発症した。
脊髄小脳変性症には、遺伝という特徴がある。
もっとも、すべての患者さんに当てはまるわけではなく、遺伝による脊髄小脳変性症は、全体の3割程度にとどまる。

また、その家系のすべての人に遺伝するわけではなく、父方の祖母の家系のなかには、まったく発症していない人もいる。

加えて姉と僕とでは、症状が少し異なる。

僕は、自分で車いすを動かすことができないが、姉は車いすの車輪を自分で動かして、あちこちに行っている。

難病であることは間違いないのだが、よくわからないことも多い病気なのだ。

だから、小さいころからぜんそくをかかえていた以外は至って健康だったから、もしかすると自分は大丈夫なんじゃないかという気持ちがあった。

4歳上の姉がそれまで発症していなかったこともその考えを後押しした。

呪いという言葉が適切かはわからないが、自分の代で小澤家にかけられた呪いが解けるのではないかという楽観的な思いがあったのだ。

病の告知は、僕の根拠のない希望を打ち砕いた。

告白に要した1か月

僕はものすごくポジティブな性格だ。どんなに嫌なことがあっても、あまり引きずらない。特に、人間関係については、どんなにひどいことをされても、「こいつは、もしかすると本当はいい奴なのかもしれない」と思うタイプだ。とりあえず相手を信じてみないと何も始まらない。だから、ときには痛い目にあっても元受刑者を受け入れ続けることができるのだろう。

そもそも元受刑者といって、ひとくくりにすること自体が間違っている。人は皆一人ひとり違う。

自他ともに認める前向きな人間だが、このときばかりはさすがにこたえた。

妻と子どもたちに病気の発症を伝えることができなかった。

「落ち込んでいてもしょうがない」となんとか自分を奮い立たせ、日中は仕事に取り組んだ。

しかし、夜になって、家族が皆寝静まり、自分一人になると自然と涙があふれてきた。家族に聞こえないように、声を押し殺して泣いた。

いろいろな感情がないまぜになっていた。

自分の人生が長くてもこの先10年で終わることへの絶望、家族と別れることのつらさ、どこにもぶつけることのできない怒り、そして無念さ。死が怖いという感情は、あまりなかった。それよりも、もっと怖かったことがあった。

子どもたちへの遺伝だ。

遺伝性の脊髄小脳変性症の家系でも、全員が発症するわけではないと書いたが、もしも発症しなければ、その人の子どもや孫は、この病気になることはないという。でも僕は、断ち切ることができなかった。

将来、彼らも同じように発症するかもしれない。おぞましくて想像すらしたくない、しかし、いやおうなしに思わざるを得ない未来だ。

当時、息子は15歳、娘は11歳。

僕が父の病が遺伝する可能性があることを知ったのは、父が亡くなる前、12歳のころだった。

ただ、そのときは、正直あまりピンときていなかったというのが本音だ。

彼らが、この呪いをどのように受け止めるのか、僕には予想がつかなかった。だからなかなか言い出せなかった。


それは妻に対しても同じだった。

僕と妻は同い年。20歳のときに結婚した。父が亡くなったのは僕が17歳のときだったから、妻は父の晩年の様子を詳しくは知らない。結婚にあたって、病気のことは伝えた。ただ、僕自身、将来発症する可能性にしっかり向き合っていなかったから、伝え方はそれなりだったと思う。

だから、僕が心配したのは、やはり妻が子どもたちへの影響を考えて、自分自身を責めて、苦しい思いをしてしまうのではないか、ということだった。

結局、妻と子に病気のことを伝えると決めたのは、1か月後のことだった。

朝、子どもたちが学校に行き、出社する前に切り出した。

「俺、この間の病院で、余命10年って言われたんだわ」

「えっ、なに？　こんなときに言う話なの？」

まず怒られた。それはそうだろう。配慮も何もあったもんじゃない。でも、僕も自分一人で抱え込んでいるのが限界で、とにかく子どもたちがいないときに言おうということしか考えられなかった。それくらい追い込まれていた。

余命だけでなく、遺伝の話も伝えた。

妻は、ショックを受けている様子だった。

だが、最後は受け入れてくれた。

負い目を抱えて生きるということ

妻にはすべてを話したが、話し合った結果、子どもには難病であることは伝えたものの、余命と遺伝の話はしないでおくことにした。

母には、先に伝えていた。父を看取っていたからこの病気が遺伝することを知っていたし、なによりも僕が発症したことに責任を感じてほしくなかったからだ。

母は悲しんでいたが、僕は、

「この世に僕を産んでくれたからこそ、僕はいろいろな人の気持ちがわかるようになった。母さんのせいじゃないから、なんにも謝る必要はないし、僕に対してすまないと思わないでくれ。母さんには感謝の気持ちしかないんだ」

と伝えた。母はその言葉をとてもありがたく感じ、救われたと、あとから聞いた。

家族に告白できて、受け入れてもらえたことで、感謝の気持ちと、なんとも言えない安堵感に包まれたことをよく覚えている。

その日の晩は、余命宣告を受けてから、初めてぐっすり眠ることができた。

翌朝、会社の幹部たちにも病気のことを伝えた。

古くからいる社員は、父の病気のことも知っているから、ここ最近の僕の様子を見て、察しがついていたのかもしれない。あまり動揺する様子は感じられなかった。他の社員たちには、彼らを通して伝えてもらった。

会社の先行きが危ないからと、退職する人が増えるかもしれないと内心思っていたが、そうした懸念は杞憂に終わった。

病を公表したからといって、退職者が増えることはなかった。

皆、北洋建設というこの会社が好きなんだとうれしかった。

こうして病気の発症について、大切な人たちに伝えられたことで、驚くほど気持ちが軽くなり、前向きになれた。同時に、そのことを伝えられなかったときの何とも言えない苦しさにも気づくことができた。

北洋建設では、元受刑者に、自分の前科を隠さないことを条件に働いてもらっている。前科を隠すことで、本人が負い目に感じて苦しいだけでなく、周囲もいらぬ詮索などをして、人間関係が悪くなるなど、いいことは何一つないからだ。

むしろ、おおっぴらにしてしまった方が、皆すぐに慣れて普通に仕事に取り組むことができる。

病を負い目に感じて隠していたこの1か月で、はからずも僕は元受刑者が前科を公表できない生きづらさのようなものを疑似体験した。やはり、自分をオープンにし、周囲がそれを受け入れるということは、きわめて大切なのだ。

そして、ここに来てようやく、生来のポジティブなエネルギーが体中に満ちてくるようになった。

「落ち込んでいてはいけない。生きているうちにできる限りのことをやろう」

告知された日からもそのように思っていたが、どちらかというと、自分に言い聞かせる形で無理やりそのように思わせていた、というのが正確だろう。

家族や社員に告白できたことで、初めて自然にそう思えるようになった。

つまり、病を受け入れることができたのだ。

それまでにかかった1か月という時間が長いのか、短いのか、僕にはわからない。

ただ、この日以降、僕は現場に出ることをやめた。

そして、自分には何ができるかを考え、できる、やると思ったら即行動することに決めた。

当時の僕の肩書は専務だったが、翌年の2013年に、代表取締役に就任した。

僕が病気と向き合いながら、どんな思いでどんなことをしてきたのか、そしてこれから何をしようとしているか。その話をする前に、病気を発症する前のことについて、書いてみようと思う。

北洋建設と元受刑者

1974年10月31日、北海道・札幌市で僕は生まれた。

父、母、そして姉の四人家族だ。

父は、僕が生まれる1年前に、北洋建設の前身である小澤工務店を創業。とび職だった父は、勤めていた会社の社長からある日突然、独立をしろと言われ、右も左もわからないまままたちあげたと聞いている。

そんな状態だったから、独立したはいいものの、現場で仕事をしてくれる働き手がいない。工務店というのは、一人でできるものではない。現場の作業員がいないと、仕事を受けられない業種なのだ。

そこで、父が目を付けたのが、近所にあった札幌刑務所だった。

「どこか行くあてはあるのか？　ないならうちへ来い」

そう言って、刑期を終えた元受刑者を次々と引っ張ってきたという。

なぜ、父が元受刑者ばかりをスカウトしていたのか、この点については、生前に父から聞くことができなかったので、あくまでも推測に過ぎないが、一つは、人を確保するために、やむにやまれずという面があったのではないだろうか。

当時は（今もだが）、元受刑者を積極的に雇用するところなんてない。だから、人を集めなくてはならないときに、たまたま近場に人手がたくさん余っていたところがあった。だから声をかけた。真相はこのようにとてもシンプルな話なんだと思う。

父はあまり後先を考えるようなタイプではなかった。

独立しろと言われて二つ返事で会社を辞めてしまうような人だから、僕はこの説はけっこう正しいと思っている。

その一方で、父はビジネスセンスというか、商売に対する嗅覚が鋭い人だった。

当時は都市開発ブームのまっただなかで景気がよく、建設業はどの現場も人手不足。とにかく人を出せばそれだけお金になるような時代だった。つまり、どうやって人を抱えるかが重要で、そんなとき、人の確保に困らない北洋建設は、徐々に売上を伸ばしていった。

やがて大手ゼネコンの下請けに入り、札幌の道路や地下鉄、ビルなどの現場の仕事も振られるようになって、規模はさらに拡大していった。

多いときは、１００人社員がいて、その半数が元受刑者だったという。

当時の建設業は、そのような「元はみ出し者」がいるのが当たり前で、受け入れの土壌がある業界だったという。

しかし、徹底的に受け入れたことが、父のすごいところであり、北洋建設が他社と大きく違うところだったのだろう。

おそらく、たいした考えもなくしていたことが、父に大きなビジネスの成功をもたらしたのだ。

もちろん、元受刑者を受け入れることは、彼らの社会復帰にもつながる。１９７０

年代にそうしたことに取り組んでいたわけだから、父が意図していなかったにせよ、この点についても先見の明があったと言わざるを得ない。

母と二人で六畳一間からの創業だったが、業績は好調。翌年には早くも株式会社化して、北洋建設株式会社が誕生する。ほどなくして土地を購入し、事務所を開設。のちにアパートを建てて、社員寮にした。

少年時代

ものごころがついたときには、僕はもう六畳一間のアパートではなく、一軒家に住んでいた。会社の業績も相変わらずよかった。だから、僕はどちらかといえば金銭的に恵まれた家庭に育ったと言っていい。

幼いころから、海外にも連れて行ってもらった。

よく覚えているのが、小学校3年生で、タイに行ったときのことだ。母が国際社交ダンスの教師の資格を持っており、タイで交流会があるということで、連れて行ってもらった。

日本を離陸して1時間ほどすると、キャビンアテンダントの女性が、「一緒にコックピットを見に行きませんか」と誘ってくれた。

そんなところに入れるなんて思ってもみなかった僕は、二つ返事で見に行くことにした。

たしか、時間帯は夜中だったと思う。扉を開けると、真っ暗ななか、計器の赤い電灯に照らされた、これまで見たこともない異様な空間が広がっていた。

左側に座っていた機長さんが、「ここに座ってみなさい」と言うので、機長席に座らせてもらった。

さらには、操縦かんを握らせてもらい、「ゆっくり左に動かしてごらん」と言われ、おそるおそる動かしてみると、なんと飛行機が左に傾いた。そうしたら、今度はなにやら2本の棒がある計器を指さして、「これが重なるように今度は右にゆっくりと動かしてごらん」と言われた。言われた通り、操縦かんを操作するとちゃんと重なって、「これでバンコクまでまっすぐ飛んでいくよ」と機長さん。

とても興奮して席に戻ると、母親に「さっき、飛行機を動かしたのはあんたかい?」と言われて、その一部始終を話したのを、よく覚えている。

今ではコックピットを見ることすらできないし、こんなことが発覚したら大問題だが、そういう時代だったのだろう。


また、このとき僕はあやうく、さらわれて売られそうになる、という恐怖体験をしている。

現地の日本料理店で夕食をしていたときのことだ。早々に食事を終えた僕は、ツアーバスに戻って休もうと駐車場に行ったのだが、バスの運転手さんがいなくてなかに入れなかったため、お店に戻ろうとした。

そのとき、若い女性がやってきて、ちょっとおいでと手招きをする。退屈だったたし、面白そうだったからついて行くことにした。100メートルくらい行くと、真っ暗な路地裏に連れて行かれ、さらに奥においでと言う。そのまま歩くと、もっと奥の方に数人の人影が見えた。

と、思ったら、後ろから猛烈な勢いで人が走ってきて、その女性にとび蹴りをくらわせた。奥の方にいた人たちは逃げて行った。

とび蹴りをした人が今度は僕のところにやってきて、ひょいと抱きかかえられた。その人はバスの運転手さんだった。

そのまま母親のところに連れて行かれて、運転手さんはガイドさんと母に何か話していた。すると母親が真っ青な顔でやってきて、もうどこにも行くなと、こっぴどく叱られた。

帰国後、母が父に話しているのを聞いたところ、僕はさらわれる寸前だったという。日本人は高値で売れるからねらわれやすいのだそうだ。当時はなんとも思わなかったが、思い出すと冷や汗が出る出来事だ。

このころから好奇心旺盛で、単純な性格は何も変わっていない。

だからというわけではないが、まわりに元受刑者がいることも、当時から特になんとも思っていなかった。

僕が生まれる前からそれが小澤家の日常の光景だったし、そういった環境で育っているから何の疑問もなく受け入れていたという側面は否定できない。

ただ、いかつい人もいたし、刺青が入っている人もいたけれど、皆「テル」と言ってかわいがってくれた。だから、全然怖いと思わなかったし、そもそも、子どもは、大人と違って見た目とか経歴でその人を判断することはないように思う。小さいころから周囲にいた、僕をかわいがってくれる北洋建設の人たちは、僕にとっては単純にいい人でしかなかった。

社員は家族

もっとも、子どもにとってはいい人たちでも、社会人として品行方正であるかは別問題だ。

小学校で札幌の大通公園に写生会に行ったときのこと。

絵を描いていたら、先生たちが何やら騒がしい。

なんでも、向こうに酔っ払いがいて、酒瓶を持って大きな声を出しているという。

だから、危ないから近づかないようにと先生たちは皆に注意していた。

そうかと思い、写生を続けていると、一升瓶を抱えた酔っ払い男がこちらにやってくるのがわかった。そして、僕に気づくなり、こう叫んだ。


「おおい、テルー、テルマサじゃないか。こんなところで何してるんだ」


酔っ払い男は北洋建設の社員だった。

明らかに仕事をしている様子ではない。無断で仕事を休んで昼間からお酒を飲んでいたのだ。自分のことは棚にあげて「こんなところで何してるんだ」なんてよく言えたものだ。恥ずかしくて穴があったら入りたかった。先生や同級生たちは、さぞびっくりしたことだろう。

当時は、こうした破天荒な社員たちがけっこういた。

自宅と事務所が隣接していたので、父はほぼ毎日のように社員たちを連れて来ては、夕食をふるまい、酒をくみかわした。これは、北洋建設の伝統ともいえるのだが、とにかく皆飲む。

しかし、酒が入るとしばしば始まるのが喧嘩だ。喧嘩は、現場や事務所でも毎日のように起こっていたが、酒席の喧嘩はエスカレートしやすい。バリンと音がしたと思ったら、割れた一升瓶を持った社員同士が睨み合っているという状況もしばしばだったそうだ。

また、社員同士が喧嘩して寮にしていたアパートの階段から落ちて救急車が来ることもしょっちゅうで、救急隊員が社員の顔を見て、「また、あんたか」とあきれることもあったという。

喧嘩を止めるのは、だいたいが父だ。

「こら、やめろ！」

かけつけた父が一喝すると、不思議なことに、喧嘩はぴたりとおさまった。

身寄りのない自分を雇ってくれたことの恩義は大きいのだろう。実際、父は、いったん雇ったらとことん面倒を見るという性格で、寮がまだなかったときには、住む場所がない元受刑者の社員に、父名義でアパートを借りて、こっそり住まわせていたこともあったという。だから皆、父の言うことを聞いたのだと思う。


母が喧嘩を止めることもあった。


「やめて！　どっちがケガをしても親が悲しむ」

母が言うと、やはり喧嘩はピタリとやんだ。

母は、創業時からずっと「飯炊き」として、毎朝4時から何十人もの社員たちの朝食を用意し、昼のお弁当もつくり、皆に持たせていた。社員たちにとって、北洋建設という家族のお母さん的な存在だったのだろう。

僕の、会社や社長と社員との関係というもののベースは、幼いころから見ていたこうした父と母の姿がもとになっていることは間違いない。

社員は家族、入社したら、何があってもとことん面倒を見る。

父について

父は、社員たちにとっては、面倒見のいい親父という存在だったし、取引先の電話番号を100件そらで言えるくらい、営業力のある人だった。その一方で私生活はちゃめちゃだった。

子どものころ、札幌から近い石狩の厚田というところで、光る飛行物体が続けて目撃されて、ＵＦＯだと大騒ぎになった。それ以来、厚田は「ＵＦＯの里」と呼ばれるようになった。騒動は、新聞でも取り上げられた。

しかし、実は、このＵＦＯ騒ぎは父の仕業だった。

父は海が好きで、しょっちゅう自家用の船を乗り回していた。船には、ロケットのように空に打ち上げて、炎や光で遭難位置を知らせる信号灯がついている。それを遭難もしていないのに打ち上げて、ＵＦＯだと騒ぎになった。

話はそれだけでは終わらない。ある晩、本当に船から落ちて、助けを求めて信号灯を打ち上げた。結局、自力で船に上がったものの、やはりその光を見て、地元紙が再びＵＦＯだと報じたのだ。

「すごい騒ぎになってるな、これは俺がやったんだぞ」。新聞記事を見ながら、笑っている父を見て、なんだかすごい人だなと思った記憶がある。なぜか猿や孔雀を自宅で飼っていた時期もあった。

自家用の船があると書いたが、商売が軌道に乗って、たくさんお金が入ってきた。そうすると父は、次第に高級外車を買ったり、船を買ったりして、湯水のようにお金を使うようになっていった。

それだけなら、まだいい。ひどいのは家の外にたくさん女性をつくって、お小遣いを渡したり、マンションを買ってあげたりして面倒を見ていたことだ。台湾まで女性を追いかけていったこともあったという。そのすべてを母は知っていた。多いとき、愛人は何十人もいたそうで、悲しむのを通り越して、あきれるほどだったそうだ。

僕自身は、母の気持ちをよそに、そんな父を嫌いとか、憎むといったことはなかった。外に女性をつくっても、家族をないがしろにすることはなく、とても温かい父親だった。

小澤家のアルバムには、社員と撮った写真とともに、家族の写真がたくさん貼られているが、どの写真にも、母や姉、僕の肩をやさしく抱く、父の姿が写っている。

高校進学、そして中退

1987年、中学校にあがった僕は、多くの同級生がそうだったように、音楽にのめりこみ、仲間たちとバンドを結成する。バンド名は「りぼん」。僕はドラムスを担当した。

なぜなら、ドラムセットを買うお金がある家が僕のところだけだったからだ。買ってもらったドラムセットは、70万円。

自己流では限界があるからと、最初から二人の先生について習った。そのうちの一人は家庭教師のように家に来てレッスンをしてくれた。それらの費用は父が出してくれたそうだ。

中3になり、りぼんを辞めて、「CANCER」というバンドに加入した。

メンバーは皆、派手なメイクをして、髪を立てていた。いわゆる今日のビジュアル系のはしりだ。それが当時の流行りのスタイルだった。もちろん、僕もその例外ではなかった。

自分で言うのもなんだが、CANCERは、当時、道内のアマチュアバンドのなかでは、わりと名前が通った存在だったと思う。僕自身、17歳になったとき、プロから声がかかるくらい腕をあげていた。

ライジングサンロックフェスティバルという、毎年北海道で行われている大規模な音楽フェスティバルがある。このフェスに出演したこともある髭楽団というバンドとは、古くから交流があり、その縁でメンバー全員が北洋建設で働いたこともあった。髭楽団のボーカルの弟は、自身も元メンバーだが、現在当社の取締役になっている。

妻との出会いもバンド活動を通してだ。

両親からバンド活動を反対された記憶はない。

それどころか、近所の人たちが僕の奇抜な格好について、母に文句を言ってきたときには、

「息子が事件を起こしたんなら言ってきてください。見た目が派手なだけです。私は自分の子どもを信頼しています」

と言ってくれた。ライブ用の衣装をつくってくれたこともあった。結局、僕は北洋建設に入社するため、1991年にCANCERを脱退することになるが、自分を信頼してくれて、好きなことに取り組ませてくれた父と母には本当に感謝している。

中学を卒業して、バンド活動一本で行く選択もあったが、僕は高校に進学することを決めた。ボクシングにも興味を持ったからだ。

ところが、進学先の高校にはボクシング部がない。

ないのならば、自分でつくろうと思い、ボクシング部を創設することにした。

学校からは、新しく部をつくるには、部員を10人集め、生徒会に諮り、顧問になってくれる先生を見つけてくればいいという説明を受けた。

だからルール通り、生徒会と顧問の先生から許可をとり、ボクシング部を設立した。

部員数はぴったり10名。僕が創部したからと、1年生で部長になった。

ところが、思わぬ横やりが入った。校長先生が突然「ボクシングは危険だから、廃部にする」と言い出したのだ。

そうしたら、一度は引き受けてくれたはずの顧問の先生も、「校長先生がやめろと言っているから」と反対に回ってしまった。

これでは部活動を続けることができない。非公認で活動をすることもできるが、学校の公認でなければ、大会にも出場できないし、校内で活動できないなど、さまざまな支障が生じる。

顧問の先生は止めたが、僕は校長先生のところに直談判に行った。

「規則通りに手続きをしました。なんでダメなんですか？」

しかし、なんど聞いても、校長先生は「危険だからだめ」の一点張りで、認めようとしてくれない。

押し問答をしているうちに、僕はだんだん腹が立ってきた。そしてついに怒りがピークに達した。

「ふざけんな！」

捨て台詞を吐いて、校長室を出た。

ボクシングをやれないなら、高校に行く意味なんてない。

結局その日が、最後の登校日になった。

入学からわずか6か月で高校を中退したのだ。

父から何か言われた記憶はない。母は驚いていたがやはり僕を叱るようなことはなかったと思う。

こうしてボクサーの道が断たれた僕は、バンド活動一本で食べていくことに決めた。

そして、退学を機に髪の毛をピンク色に染め、耳にピアスをずらりとつけた。

履歴書ではわからない価値

バンドで生きていくといっても、CANCERはまだアマチュアだ。練習するためのスタジオ代や、ライブハウスを借りるための費用がいる。親に払ってもらうわけにはいかないし、さすがに出してくれないことはわかっていた。

だから日中は、他のメンバーと同じように活動資金を稼ぐために働くことにした。

ただし、北洋建設で働くという選択肢はなかった。今にして思えば勝手に高校を辞めて父親の会社で働くのが、気まずかったのかもしれない。

そこで自力で仕事を探し始めた。


髪の毛がピンク色だったから、猛烈に花屋さんで働きたくなった。

我ながら素晴らしい考えだと思った。

電話をして、

「バラのようにきれいな頭です」

と売り込み、面接をしてもらえることになった。

おそらく、電話に出た人は、僕が言ったことの意味をよくわかっていなかったように思う。

面接の日、担当の人は僕を見るなり、

「なんだ、その頭は！　ふざけてんのか！」

と怒鳴った。そして僕の目の前で、履歴書をびりびりに破いて、投げつけた。

花屋さんで働く夢はついえた。


このとき、僕は思った。

確かに、見た目はふざけているかもしれない。

でも、ちゃんと話を聞いてくれれば、親は建設業をやっていたり、親戚が多かったりすることがわかる。新築や新規開業に花はつきもの。使いようによっては、売上はすごくあがったはずだ。

見た目だけではその人の価値はわからない。誰だってその会社やお店に欠かせない財産になりえるのだ。


仕方なく、他の仕事を探したが、なかなか採用をしてもらえない。

中卒で、ピンクの髪の毛で耳にピアス。履歴書を事前に送るところは、１００％面接に進めなかったし、そうでないところは、面接する人が僕を見るなり、花屋さんほどではなくても、不快な表情をするのがわかった。また「中卒じゃあ、うちはちょっとね」と、言われることも多かった。

こちらはやる気に満ちあふれているのに、見た目や経歴で落とされる。大切なのはやる気じゃないのか。このときの理不尽な経験は、元受刑者を積極的に雇用している僕の信念にもつながっている。

バンドは続けていたから、黒髪に戻す選択肢はなかった。だが、いっこうに採用してもらえない。就職活動は1年近く続いた。これ以上、稼げない状態が続くと、さすがに活動に支障が出る。しかし、やはり親には頼らなかった。

ちょうどそのタイミングで、見かねた親戚が製版会社を紹介してくれた。面接で言われたのは、「髪を黒くしたら入れてやる」。

迷ったが、背に腹は代えられないので、受け入れた。

長かった職探しが終わった。
これでようやく安心してバンドに打ち込めると思った矢先、小澤家を激震が襲う。
父が脊髄小脳変性症で亡くなったのだ。

第2章

経営者になる

残された1億の借金

亡くなった人が夢枕に立つ。

僕は、そんなのうそっぱちだと思っていた。

自分の都合がいいように話をつくっているだけなんじゃないか、そう思いたいだけなんじゃないか、と。

父が僕の夢枕に立つまでは。


1991年8月6日、父が亡くなる日の朝方、夢のなかに父が出てきた。

そして、

「あとは任せた」

と言った気がした。

目を覚ますと、母が慌てた様子で部屋に入ってきて、父が亡くなったことを僕に伝えた。直前まで夢のなかで父と会っていた僕は、夢と現実の区別がつかずに「えっ、俺、今親父と話してたぞ」と混乱した。

父は脊髄小脳変性症を発症し、闘病中だった。亡くなる前から、寝たきりになり、入院している状態が続いていた。ただ、僕はどちらかというとバンド活動の方に意識が向いていた。当然、将来的に北洋建設に入るということもまったく考えていなかった。

すでに書いたように、父にはたくさんの愛人がいて、毎晩のように飲み歩いている状態が続いていた。

当初、悲しむのを通り越してあきれていた母も、さすがに限界で「もう我慢できない」と別れることを決めたという。そうしたら、脊髄小脳変性症が発覚。すでにある程度進行して、生活に支障が出始めていた。

母がすごいのは、それまでさんざんな目にあっていたはずなのに、そんな父を見捨てなかったことだ。

さらには、父にかわって会社の仕事を回し始める。

北洋建設をたたむことも考えたそうだが、残される社員たちのことを考えると、やめるわけにはいかなかったという。

とはいえ、父の世話もしなければならない。

そこで、母はどうしたか。

愛人の一人に看護師がいたので、その人に父を看てもらうことにしたのだそうだ。

また、父の余命が短いことがわかると、勃発するのが女の争いだ。

母は「大奥のようだった」と言っていたが、おそらく財産目当てなのだろう。女同士の喧嘩がしょっちゅうあったという。

そんなときも母は「私は本妻だから、あなたたちで勝手にやってください」と相手にしなかったそうだ。

もっとも、後に父に巨額の借金があることがわかったとたん、女性たちは皆いなくなってしまったのだが。

そう、父が亡くなる前の北洋建設は決して業績がいいわけではなかった。「いいわけではなかった」どころか、倒産の危機もあったという。一時は100人いた社員が7、8人に減った時期もある。にもかかわらず、父は業績がよかったころと同じようにお金を使っていたという。さらに、病のことを知ってからは、遊びに拍車がかかったそうだ。

しかも、タイミング悪くというべきか、新しく社員寮を建てたのもこのころだった。社員たちがゆっくり過ごせるようにと、大きな家族風呂をつくったり、個室を広くしたりした。その資金は、父が病気をわずらっていたため、母が借りた。

父がそんな状態でも、社員たちのために、仕事をとってきたり、より快適に過ごせるようにと寮を新築したりする。また身寄りのない元受刑者の社員たちが亡くなったときは、最期を看取り、葬儀を出したこともある。母にとって社員たちは本当に家族同然なんだとあらためて思わされた。

深夜の特訓

結局、僕たちに残されたのは母の分も合わせると1億円の借金だった。

父が亡くなって、母が必死になって働いている姿を目の当たりにしているうちに、さすがに僕も何もしないではいられなくなった。

「母さん、僕が助けてあげるから頑張って。北洋建設は僕が継ぐ」

バンド活動は充実していたが、僕は北洋建設に入社することを決めた。

また、製版会社に入社したものの、僕はそこでちょっとした「いじめ」を受けていた。父の愛車はシーマ。車内電話やビデオデッキが備え付けられている、当時、北海道では3台だけしかないと言われたほどの超高級車だ。こともあろうに、このシーマだっを拝借して、僕は通勤をしていた。僕にとっては、家にある車がたまたまシーマだったから、乗っていただけだった。でもそれが、会社の上司や先輩たちには気に入らなかったらしい。

社内にある分厚い光工学の本を渡されて、明日までに読んで感想文を書いてこい、と言われる。書けるわけないじゃないですか、と口答えしようものなら、一日中正座させられる。そんな日が続いていた。

一発ぶん殴って辞めてやろうかと思ったこともあったが、紹介してくれた親戚の顔をつぶすことはできない。なんとかこらえた。


父が亡くなり、バンドを辞め、母を助けなければと決意した僕に、製版会社に残る選択肢はなかった。こうして母が新しく社長に就任して、僕は将来の後継者として会社に入ることになった。

とはいえ、建設の仕事に関して素人だ。

このとき僕に、建設業のいろはを教えてくれたのが、後に姉と結婚することになる、義理の兄だった。父の代から、現場を仕切っていたリーダー的存在だ。

義兄の教育はとにかくハードだった。

「一日も早く仕事を覚えろ」

そう言われ、ほぼ毎晩夜中の1時に起こされ、資材センターに連れて行かれた。資材センターは、その名の通り、建設現場で必要な足場などを組み立てるための資材が置かれた場所だ。

そこで「これが枠組み足場の敷板、ジャッキベース、筋交い」などと、資材の名前と扱い方を覚えさせられる。覚えたら、足場の組み立てをさせられる。それが、明け方の4時まで続く。そしていったん帰宅し、仮眠をとったら、他の社員と同じように、朝6時から現場作業に向かった。合間には営業活動も行う。

このサイクルに慣れたら、今度は自分で起きるように言われて、指定された時間に呼び出される。寝過ごして遅れようものなら、厳しく叱られた。

「お前が会社を継ぐんだぞ。ここで、頑張らなくてどうするんだ！」

そんな生活が1年近く続いた。今なら、完全にアウトだが、当時はそれがまかり通った。肉体的にも、精神的にも本当にきつい日々だった。

ここまで読まれてきておわかりのように、僕はそれまで何不自由なく育てられてきた。見方によれば、甘やかされて育ったとも言えるだろう。親、とりわけ母親への感謝の気持ちは変わらないが、僕自身、自分が甘やかされていたことは否定できない。就職が決まらなかったことや製版会社でのいじめも、大変だったと言えば大変だったが、苦労と呼べるものでもない。そんな僕に、社会に出て働くことの厳しさを教えてくれたのが、義兄だった。

というよりも、義兄でなければここまで厳しく僕を指導できなかったと思う。母であれば、どうしても甘くなるだろうし、他の社員からすれば社長の息子ということで、そこまで厳しく言うことはできない。

そういう意味でほどよい距離感にある義兄というポジションは、教育係にうってつけだったと言える。最初は、あまりのスパルタぶりに内心恨んだこともあったが、よく考えれば、彼も僕と同じように、1年近く夜1時起きの生活をしてくれていたことになる。社会人として、後継者としての自覚が芽生えたのは、確実にこの特訓があったからだ。また、技術的にも皆から「小澤は足場を早く立派に組むな」と評価されるようになった。本当に感謝の気持ちしかない。

1年間の修行をへて、僕は専務に就任した。

仕事の基礎について学ぶと、もっと建築や経営について学ばなければいけないという気持ちがわきあがってきた。

そこで仕事に役立ちそうな資格を片っ端からとっていった。

いくつか僕がとった資格をあげてみよう。

・衛生工学衛生管理者

・1級建築施工管理技士
・1級土木施工管理技士
・1級管工事施工管理技士
・1級建設機械施工技士
・第1種作業環境測定士
・キャリアコンサルティング技能士

実はこれはほんの一部に過ぎない。資格取得の勉強を通して向学心に目覚め、現在は70を超える資格を取得している。

資格をとるだけでなく、勉強もしたくなった。

僕は高校をわずか6か月で飛び出してしまった。だから、もう一度やり直したいと、働きながら大学入学検定試験を受けて、合格。通信制の大学に入学した。

最初に、放送大学の教養学部で産業と技術専攻を学び、卒業後は、日本大学の経済学部に入学し、2012年に卒業をした。

座学だけでなく、実学や人脈づくりも必要だと思い、並行して札幌青年会議所にも入会。最終的には監事を務めた。

横領そして最大の危機

このように僕が後継者としての勉強を始める一方で、父の死以降も、北洋建設は非常に苦しい状況が続いていた。

まず、僕が入社して間もなく、本来なら母を支えるはずの専務が、集金した売上500万円を持ち逃げした。

母によると、父が亡くなる前から、彼は自分を社長にしろと言っていたそうだ。それを母は断っていたという。彼は僕が乗り回していたシーマに乗って逃亡した。

僕は取引先に、支払いを少し待ってもらえないか頭を下げて回った。

普通なら「約束通り払え」と言われるはずなのに、どこも支払いを待ってくれた。「長男であるあんたが北洋建設に入ったんだから待つ」と言ってくれた人もいた。だから、死に物ぐるいで働いた。

父が残した借金の返済は毎月続いていた。母は頑張ってはいたが、創業者である父に比べれば、営業力は劣る。そもそも、この業界は男社会だ。僕もまだまだ戦力にはなれなかった。受注できる仕事、そして社員の人数は徐々に減っていった。

決定的なダメージを受けたのは、2000年、当時の役員が1700万円の空手形を回して行方をくらましたときだった。

母が税金を手形で払おうと役員と税務署に行ったという。母が税務署の人と話そうと席をはずしたときに、彼が用紙をとって判子を押し、後日手形を振り出した。

「お前のところの手形が出回っているぞ」

取引先からの電話で発覚した。

もちろん、こちらは手形を切った覚えはない。

当時の経営状況で、もしも手形が銀行に持ち込まれたら、北洋建設は倒産する。さまざまな伝手を頼って、なんとか水際で止めることができたが、その分の損失を補てんしなければならない状況は変わらない。

結局、ありとあらゆるもの、それこそ事務所の電話まで担保に入れて資金を融通したものの、その結果、資金繰りは一気に悪化した。


さすがの母も、僕も弱気になった。そして、廃業することを決めて、社員たちにこう言った。このとき、社員の数は15人ほど、うち元受刑者は7、8人だっただろうか。僕は言った。

「今月は給料が払えるが、来月以降は無理だ。会社をたたむから、払えるうちに辞めてくれ」

僕は、皆辞めていくと思っていた。それで楽になれると思っていた。

でも違った。

「給料はいりません。会社がなくなると困ります。ほかに行くところがないんです。会社が大変なら俺たちが一所懸命頑張ります。だから働かせてください」

皆が口をそろえて言った。元受刑者の社員のなかには涙を流しているものもいた。辞める人は誰もいなかった。

社員の気持ちを知り、僕は目が覚めた。

彼らのために、絶対会社をつぶしてはいけない。

僕は、ありとあらゆる取引先に「こういう事情で、このままではつぶれてしまいます」と頭を下げて回った。恥ずかしいとかという気持ちはまったくなかった。

そうしたら、元請けの大手企業の方が何も言わず、大口の仕事を回してくれた。青年会議所の仲間の会社は、大学の改修工事で北洋建設を指名してくれた。いつも買い物をしていた近所の金物屋さんまでが仕事をくれた。普通ならありえないことだ。本当にさまざまなところから声をかけてもらえた。

それに対し、社員たちは通常2日かかる仕事を1日で終わらせるなどして、より多くの仕事を受けられるよう、懸命に働いてくれた。

このようにして社員、そして取引先、仲間、ご近所の助けによって、なんとか倒産寸前の危機から息を吹き返すことができたのだ。

会社を救った伝統

周囲の温情、実際に働いてくれる社員、どちらが欠けてもこの危機を乗り切ることはできなかったと思う。

なぜ、北洋建設は助けられたのか。

ひとつは、社員たちが、会社に恩義を感じていたからだろう。

働く場所があるというのはそれほど大きなことなのだ。

また、北洋建設は、現場での事故が極端に少ないことが特徴だった。この年には中央労働災害防止協会の「中小企業無災害記録金賞」も受賞していた。それも大口の仕事を回してもらえた要因だったと思う。いくら同情すべき事情があったにせよ、仕事の質が悪いところに、発注しようとは思わないものだ。

では、なぜ事故が少ないのか。それは、オーバーワークにならないよう極力残業をさせないようにしていたからだ。これも北洋建設の伝統で、父は生前、社員によく、家庭を大事にしろと言っていたという。家庭が安定していないと仕事に支障が出る。だから長時間仕事をさせず、家族と一緒に過ごす時間をつくらせていたらしい。

前科を隠さないとか、衣食住を保証するなど、社員が不安なく、安心して働ける環境や雰囲気づくりを心掛けてきたことも大きいだろう。

創業者である父、そしてそれを継いだ母の、社員を家族同然に扱う、北洋建設の伝統的な風土が、最大の危機から会社を救ってくれたのだ。

そして、この修羅場を経験することで、僕自身も、社員たちの生活が自分の肩にかかっていることを実感し、経営者としての自覚を持つことができた。

この時期を底として、以降、北洋建設の業績は徐々に上昇に転じていく。

1700万円は2年で返済した。

もっとも、すべての借金を完済することができたのは2016年。それからおよそ16年後のことだ。

母について

父から母に社長が変わっても、北洋建設が元受刑者を受け入れるスタンスは変わらなかった。ただし、元受刑者の社会復帰を助けるという側面が強くなったのは、母の代になってからのように思う。すでにバブルは崩壊し、人を雇えば雇うだけ儲かる、という時代は過去のものになっていた。

元受刑者の受け入れと同時に母がやっていたのが「補導委託」というボランティア活動だった。

家庭裁判所が非行少年の最終処分を決める前に、企業や団体のボランティアに少年をあずけ、仕事や通学を通じて生活指導をする「試験観察」という制度がある。少年院にすぐ送るのはためらわれるが、保護観察や不処分で済ませるわけにはいかない。生活態度を見て最終的な処分を決めるのだ。

試験観察のうち、非行にかかわった少年が、虐待など家庭に戻れない事情を抱えていたり、そもそも親がいなかったり、情状酌量の余地があるケースについて、民間有志が一定期間彼らの世話を引き受け、就労支援などをするのが補導委託だ。

ある少年をあずかったときのこと。

彼は建設現場で汗だくになって働いた。

委託期間は4か月。3か月は、何事もなく過ぎたが、残り1か月というタイミングで事件は起きた。

マンガを万引きしたのだ。

母が大急ぎで交番に向かい、理由をたずねた。

「小遣いがなくて、マンガを盗んで売ろうと思いました」

母は激怒した。

「あんた少年院に行きたいの？　生活に困ってならまだしも、遊ぶお金ほしさとは何事だ！　こんなことしたら、裁判官に合わせる顔がないよ！」

そして、彼を三度ビンタした。母は慌てて止めに入った警官に向かって泣きながら言った。

「今、私は暴力をふるいました。現行犯で逮捕してください。ひと晩、留置所に入れてください」

その瞬間、少年がボロボロ泣き出して訴えた。

「やめてください。悪いのは僕です。僕が悪いんです。社長さんを逮捕しないでください」

彼は、大人に泣きながら叱られたことなどなく、こんなことをしてもらったのは初めてだと心から反省した。

試験観察は、観察期間が終わると、家裁判事や付添人（弁護人）によって少年審判（中間審判）が行われる。

万引きをした彼は、母が裁判官に言って鑑別所で数日過ごさせたが、最終的には不処分。少年院に送られることはなかった。通常ではありえないことらしい。

彼は、その後、北洋建設に就職した。

母は、これまで31人の少年を引き受けてきた。彼らのなかには、このように「泣きながら叱られた」ことが初めてというものが少なくない。

やはり、更生に必要なのは愛情と覚悟なのだ。働く場や、住む場所は必要だ。ただ、それだけでなく、最後は愛情やこちらの本気度が問われるのだと思う。それは相手が少年でも大人でも同じだ。

補導委託は、皆が皆、受けられるものではない。対象になるのは数人に一人だ。だから、うちにきた少年たちには、僕はいつもこう言っていた。

「お前は、裁判官に選ばれたエリートなんだぞ。立ち直るチャンスをもらえたんだ。一緒に頑張ろうな!」

そうすると、彼らも「そうか、頑張らなければ」と自覚を持つようだ。

31人中更生したのは28人。なかには社長になったものもいる。

補導委託だけでなく、少年院から来た人も含めれば、相当な数になるだろう。

第二母さん

もちろん全員が全員更生できるわけではない。

あるとき、ヘルメットを忘れて現場に来た子がいた。危険な仕事だから、ヘルメットを忘れるのは厳禁だ。厳しく叱ったら、泣いていなくなってしまった。

そうしたら、その晩、資材センターに忍び込んで、会社がリースしている4トントラックを盗んで逃走。当然無免許だ。

しかも、運転に失敗し、畑にトラックごと突っ込んでしまった。彼はトラックを乗り捨て、コンビニに停めてあった乗用車を盗難。その後、逃走中に逮捕された。

翌朝、警察から「小澤さんのところのトラックが大変なことになっている。すぐに来てくれ」と連絡を受けた僕は、対応に追われた。トラックは損傷が激しかったので、50トンのクレーン車を手配して、トラックを吊り上げて車道に戻して、再整備をした。

畑もぐちゃぐちゃになっていて、原状回復などで、最終的には300万円かかった。

なぜ彼がトラックを盗んだか、警察から伝え聞いたところによると、彼の親がトラック運転手で、自分もトラックを運転できるところを見せたかったのだという。でも、うまくいかずに逃げてしまった、と。

理解に苦しむような理由だが、その一方で、親に対する愛情をこうやって表すことしかできないんだとも思い、なんともいえない気持ちになった。

300万円を彼に請求することもできたが、全額こちらで負担した。彼は当時18歳。そんな年齢の子に300万円なんか請求できるわけない。

彼はその後、少年院に送られた。


母は補導委託を受けた子どもたちからは「第二母さん」と呼ばれている。毎年1月と5月に、「第二の息子」たちから、母あてに贈り物がたくさん届く。

1月は母の誕生日、5月は母の日だからだ。

そうした母の活動を目の当たりにして、僕は僕で、元受刑者たちの社会復帰を後押ししたいという思いがより強くなっていった。

父の代からの取り組みで、地元の刑務所とはつながりはあった。また、北洋建設が元受刑者を採用しているということが少しずつ知られるようになって、他の刑務所から「こういう人がいるんだけど」と声がかかることも増えてきた。

「手形ショック」の後、北洋建設は、徐々に業績を回復させていった。丁寧な仕事ぶりと、それを支える労災の少なさで、ゼネコンから安定して仕事を回してもらえるようになったのだ。

2003年、2006年には、虻田郡の豊浦と喜茂別に社員が無料で利用できる保養所を建てることもできた。

僕自身もこのころになると、会社経営について、ひと通りのことがわかるようになっていた。

また、事業の多角化など、ビジネスについてのいろいろなアイデアが出るようにもなっていた。

さあ、これからというとき、僕の病が発覚したのだった。

第3章

仕事と再犯

人は仕事があれば再犯しない

病が発覚し、自分に残された時間が10年だとわかったとき、僕は残りの命をどう使いたいか、考えた。

「自分が生きた証を残したい」


出てきたのは、とてもシンプルな答えだった。

では、何が「生きた証」になるのか。

今から新しいことを始めるのも違う。

元受刑者らの就労支援をより進めていこうと思ったのは、自然な流れだった。

僕自身、北洋建設に入って、経営に携わり、元受刑者の受け入れをしていくなかで、さまざまな問題意識を持つようになったからだ。

もっとも大きなものが、就労と再犯もしくは自立の関係だ。

２０１８年度の犯罪白書によると、２０１７年の検挙者は、21万５００３人。そのうちの48・７％にあたる10万４７７４人が再犯者だ。

また、２０１８年度の再犯防止推進白書によると、２０１７年の再犯者の72・２％が逮捕時には無職だったという。加えて、２０１３〜２０１７年の5年間で、保護観察終了時に仕事についていなかった人の再犯率は25・２％、仕事についていた人の再犯率は７・８％でおよそ3倍だ。

元受刑者たちには、出所後、大きな困難が待ち受けている。

まずは、お金の問題。彼らは刑務所を出たとき、所持金がほとんどない。

刑務所でも刑務作業という就労の機会はあるが、時給は等級によって違いはあるものの最大で約40円ときわめて安い。もっともこれは、海外の格安製品におされて、企業からの刑務作業の依頼が激減しているという事情もあるようだ。

だから、たいていの元受刑者は出所時に、手元にあるのは数万円の現金だという。そのなけなしのお金も、数日分の飲食と宿泊費に消えていく。

次に、住居の問題。元受刑者のなかには、周囲の目を気にして、元住んでいた場所に戻りづらいという人も少なくない。悪い仲間たちがいるから戻りたくないという心情もあるだろう。そもそも家を借りるような資金すらない。

そのようなお金も住むところもない状態では早々に生活に行き詰ってしまう。困窮した彼らは、再び犯罪に手を染めやすくなる。

すでに書いたように、三度の食事と雨風をしのげる場所を求めて、あえて微罪を犯して刑務所に戻るケースも多い。

つまり、再犯は、このように構造的な問題なのだ。

このとき、仕事があればどうなるのか。

稼ぎがあれば、生活の基盤ができる、住む場所も持てるようになる。

だからこそ、仕事なのだ。先ほどのデータでいえば、働ける場所が再犯の数を7割減らせて、再犯率を3分の1にできる可能性があるわけだ。

彼らに仕事の機会を与えることは、最高の再犯防止策なのだ。


しかし、現実は、多くの元受刑者が仕事を得られない。

2017年の出所者数は、2万3068人、そのうち官民の就労支援を受けた人は1～2％にとどまる。

その最大の理由は、大多数の会社が元受刑者を受け入れることを拒んでいるからにほかならない。「本当に真面目に仕事をするのだろうか」「お客様や社員に対してまた悪さをするんじゃないか」。そういったことを懸念するのだろう。だから、

「出所して3か月間ハローワークに通っても、2件しか求人がなかった」

「半年間、職を探したけれども面接すらしてもらえなかった」

こうした声を北洋建設に来る元受刑者から聞く機会は少なくない。

「入社して命を救われました」という人間もいるし、「仕事ができる」と涙を流すものもいる。

元受刑者に企業の門戸が開かれていない厳しい現実が垣間見える。

ボランティア活動ではない

更生のための制度も不十分だ。

例えば、満期で出所した元受刑者は、仮出所の受刑者と異なり、更生保護施設を利用できない。

更生保護施設は、出所後、頼ることのできる人がいなかったり、生活環境に恵まれなかったり、あるいは、本人に社会生活上の問題があるなどの理由で、すぐに自立更生ができない人たちを一定の期間保護して、宿泊場所や食事を提供したり、体調管理や金銭管理などの生活指導、履歴書の書き方や面接の練習といった就労支援など、社会復帰のための指導や援助をする施設だ。

仮出所の条件は「本人の資質、生活歴、矯正施設内における生活状況、将来の生活計画、帰住後の環境等を総合的に考慮するとともに、悔悟の情、再犯のおそれ、更生の意欲、社会の感情の四つの事由を総合的に判断し、保護観察に付することが本人の改善更生のために相当であると認められるとき」とされるが、だからといって、満期出所者のなかにも、すぐに自立更生できない人はたくさんいる。そうすると、生活に困って、再び罪を犯すおそれがある。満期出所者には「緊急更生保護」という同様の制度もあるのだが、条件があるなど、皆が利用できるわけではない。

２０１７年の出所者2万３０８６人のうち、仮釈放が１万２７６０人であるのに対し、満期釈放が９２３８人だ。

こうした現実があるからこそいっそう、僕は元受刑者に仕事をと思い、雇用を続けている。

とはいえ、しばしば誤解されるのだが、これは慈善活動ではない。元受刑者は、真面目にやり直したいのに、その機会が得られず困っている。そして、やる気があって、真剣に頑張りたいと思っている。会社はそのような人を必要としている。そして、僕は人を雇える立場だし、就職に困った経験もある。また、病気だから、助けを必要とする人の気持ちもよくわかる。元受刑者たちの苦労がわかるのだ。だから雇っている。それだけだ。他の経営者もとりあえず雇ってみればいいのにと思う。頑張る人は、本当に頑張るのだ。

毎日渡す2000円札

もちろん、ただ雇えばいいというわけではない。工夫が必要だ。

まずはお給料。

たいていの会社は、お給料は1か月働いてから払うことが多いだろう。だがそれだと、その1か月の間、使えるお金がないため、彼らは生活に困る。それが犯罪を誘発しかねない。

そこで、北洋建設では、毎日2000円を給料から前払いしている。寮は1日3食つきだから、食事以外に2000円を使えるわけだ。残りのお金は給料日に支払う。日当で支払わないのは、日雇いではなく、長く働いてほしいから。ちなみに給料は、最初は月給17万5000円からスタート。あとは働きぶりによって昇給していく。

1日2000円あれば、タバコもジュースも買える。でも1000円では少ないし、3000円は多すぎる。

いずれにせよ、使えるお金があることは安心感を生む。それが再犯防止につながっていく。

お金は2000円札で渡している。

2000円札は便利だから、個人的に使っていた。1000円札を2枚出すのが面倒だったからだ。

しかし、使っているうちに、ある効果に気づいた。

2000円札は珍しい。珍しいから使うとき、お店の人に顔を覚えられるのだ。

これだと思った。

顔を覚えられると悪いことをしづらくなる。

だから、僕は毎日、社員たちに2000円札を渡す。直接渡すのは、使うとき、僕の顔を思い出してほしいという思いもある。社員たちが自分をコントロールできるようになって、「もう大丈夫です」と申告してくるまで支給することにしている。

金融機関には無理を言って2000円札を都合していただいている。

この取り組みを始めてもう5年くらいになるだろうか。

北洋建設の近くにあるコンビニエンスストアは、おそらく日本でいちばん2000円札が流通しているコンビニかもしれない。


寮もとても大切だ。

社員寮はすでに父の代からあったが、出所した人たちを引き受けるには、寮の存在は不可欠だと思う。

そもそも敷金などの元手がないし、入居審査で年収などを聞かれたら、それまでは刑務所に入っていたわけだから、ほぼないに等しい。当然審査など通るはずがない。

だから、出所したりして、家を借りることができない社員には最初は寮に入ってもらうことにしている。寮費は1日3食つきで1450円だ。

3食つきというのもポイントだ。

建設業だから、身体が資本だ。しっかり食べてもらわないといけないし、やはりおなかが満たされると、心が穏やかになる。風呂もあり、ゆっくり眠ることのできる場所は、再犯防止にとってすごく重要だと考えている。

「見えない橋」から「見える橋」へ

同じくらい大切なのが、寮を含めた会社の雰囲気だ。お金や食事、住むところが保証されても、雰囲気が悪ければ、居づらくなってしまう。

だから、すでに書いたように元受刑者には「過去」をオープンにするよう徹底してもらっている。こうしていると余計な詮索が起こらない。

事実を隠そうとすると嘘をつくことになる。すると、嘘に嘘を上塗りし、信頼関係をつくることができなくなる。

職場の人間関係ではそれが退職リスクにつながるし、建設業という危険を伴う仕事では、同僚を信頼できなければ思わぬ事故にもつながりかねない。

さらにオープンにすることを前提にして受け入れれば、その人がどういう人かは日々の暮らしぶりや仕事ぶりだけで判断される。受け入れてもらうには、今を真面目に、真剣に生きさえすればいい。前科という過去があるからこそ、生活も仕事も真剣にならざるをえないのだ。

もちろん、オープンにするといっても、自分から皆に発表しなさい、というのではない。自然に言える雰囲気をつくっている。

元受刑者が、入社すると、当日か翌日の夜に有志たちで歓迎会を開く。ちなみに長期間の刑期を終えて来たときは、歓迎会は1週間後だ。刑務所の質素な食事に慣れていると、しばらくは普通の食事を身体が受け付けないからだ。せいぜい食べられてサンドイッチ。だから、映画『幸せの黄色いハンカチ』で高倉健さん演じる主人公が、出所直後にラーメンをむさぼり食うのは、実際にはありえない。

歓迎会では先輩たちが「実は、俺はな」と先に話してくれる。そして「どこから来たんだい」とさりげなく聞いてくれる。そうするとお酒の力も手伝い、自己開示をしやすくなる。

悩みや不安については、先輩たちが自分の経験にもとづいてアドバイスしてくれる。だから安心感が生まれるのだろう。


過去をオープンにすることは、北洋建設では当たり前のように行われているが、実は日本の元受刑者の更生保護は、これとは真逆のアプローチで行われてきたということを知った。

犯罪歴を隠すのだ。

出所者のうち1～2％しか就労支援を受けていないと書いたが、おそらく残りの98～99％の人は、罪を隠したまま、職探しをしているのではないか。そして、運よく働き口を見つけたとしても、過去を隠したままでいるのではないだろうか。

保護観察所の所長と出所者との交流を描いた、吉村昭さんの『見えない橋』という小説がある。

この保護観察所の所長は、出所者であることを周囲に知らせない形で支援を続ける。

そして、この罪を隠す「見えない橋の精神」は、これまでの日本の元受刑者支援のスタンダードな形だった。

しかし、こうした支援のあり方は、後日、犯罪歴があることがばれて、会社をクビになるという事態も招きかねないし、なによりも彼らに無理と嘘を重ねさせることになる。

一方、犯した罪をオープンにして、それを背負いながら真摯に生きれば、1週間もすれば詮索する人はいなくなる。

あとは自分の行動だけで判断される。

よく言われるように、過去は変えられないが、未来は変えられるのだ。自分自身の力で。だから、僕は受刑者を嘘でしばることのない環境で、更生を進めるべきだと考えている。必要なのは「見える橋の精神」だ。

北洋建設の元受刑者の離職率はかつて9割だった。今は8割程度で決して低いとはいえないが、それでも改善されたのは、居心地のよさが浸透しつつあるからではないだろうか。過去を受け入れる方向に環境が変わっていけば、受け入れられる側の意識も変わっていくだろう。

２０１９年４月現在、13人の元受刑者のうち、11人が入寮しているが、そのわけは、このような「今だけで評価される」居心地のよさがあるように思う。

罪を隠すことは正しいのか

だから、僕は万が一、社員が過去を隠すようなことがあったら、厳しく叱る。

あるとき、西日本の更生施設からやってきた人がいた。窃盗の罪を犯したという。面接をして家族構成などを聞いて、受け入れを決めた。

しかし、直感で何かおかしいと感じた。そこでよく調べると、彼はかつて、死体遺棄事件を起こしていた。にもかかわらず、最初に電話で連絡をしてきたとき、彼はそのことを言わなかった。

彼を呼び出して、問いただした。

「自分の罪をすべて話しなさい、と言ったよね」

でも彼は「いえ、言いました」と主張する。僕は怒った。

「俺は、聞いていない！　聞いていたら、絶対そんなことは知っている！　ふざけるな！」

僕が怒ったのは、死体遺棄事件を起こしたことではない。そのことについては、彼は罪をつぐなっている。怒ったのは彼が過去を隠したことだ。隠すということは、反省をしていないということであり、人にも自分にも嘘をついていることになる。それでは、この先、必ず苦しくなっていく。だから、隠さない、嘘をつかないでほしいと訴えた。

僕の言葉を受けて、彼は伝えていなかった過去について話し出した。彼は、母親の介護で本当に苦しい日々を過ごしていた。母親が亡くなり、葬式を出すお金もなく、亡骸を自然に返したのだという。死体遺棄で逮捕されたあと、地元では働けず、行く当てをなくし、車で路上生活をしていたところ、友人がうちにおいでと声をかけてくれた。ところが、その友人が悪かった。寝ている最中に顔をエアガンで撃たれるなどして、身の危険を感じて、つい目の前にあった貯金箱を持ち出して逃げ出した。それで窃盗で逮捕されてしまったのだ。

「罪を反省しないと、変わらないいんだよ。わかるでしょう」

僕の言葉に彼はうなずいた。だから、そのまま雇用を続けた。

彼は北洋建設で働き始めて、まわりが自分を一人の人間として見てくれること、若い人が自分を頼ってくれることが、とてもうれしいと感じている。

前科を隠すことは、百害あって一利なしだ。

受刑者からの手紙

北洋建設には、元受刑者ではないいわゆる一般の社員もいる。

元受刑者と一般の社員との間の壁は、ない。

なぜ、そう言えるか。一つは、すでに述べているように、皆、自分をオープンにしているからだ。

もう一つは、僕が前科の内容をしっかり理解したうえで採用しているからだ。どういうことかと言うと、犯罪を起こした背景に、１００％でないにしろ、理解できる事情があるかどうかをしっかり見ている。理解の余地が少しでもあれば、それは相手への共感につながる。「得体のしれない怖い人」という印象を持たれることはなくなる。

北洋建設は、元受刑者を誰でも受け入れているように思われがちだが、決してそうではない。

婦女暴行と放火の前科がある人は採用できない。

これらの犯罪歴のある人は、再犯率が高いといわれる。

僕自身、本当にそうだろうかと思って、過去に、放火の前科がある人を雇ったことがある。そうしたところ、在職中は何事もなかったが、北洋建設を辞めたあと、放火事件を起こして捕まった。

常習性が高く、周囲に不安を抱かせる可能性の高い人の雇用については、僕らでもなかなか難しいものがある。治療が必要なケースも少なくない。そのような罪を犯した人をどのように更生させるかは、社会全体で考えるべき問題だと思う。

また、暴力団関係者及び暴力団と交友がある人も断っている。元暴力団については、断ることをしない。

それ以外の人については、その罪状だけで雇用をしないということはない。どんな事情があったかをきちんと知るようにしている。

北洋建設の採用は基本的に次のようなプロセスで進む。

まず、全国の刑務所や更生保護施設、少年院等に「従業員募集」のポスターを送り、掲示してもらう。それを見た仮出所もしくは満期出所を前にした受刑者が、就職を希望する旨の手紙を書く。刑務官や保護施設の職員から、手紙を書くことをすすめられる受刑者も多い。

またハローワークを通じて全国の刑務所にも求人案内を出している。これは「受刑者等専用求人」といって、雇用する側が採用面接を希望する施設を指定したうえで、ハローワークに求人を登録できるというものだ。通常、指定できる施設は限られるが、北洋建設は全国の刑務所に求人を出すことができている。

北洋建設は利用していないが、法務省の矯正就労支援情報センター室という受刑者の出所時期や帰住予定地、職歴などの情報を一括管理する部署が、雇用条件にマッチする受刑者の情報を企業に紹介する「コレワーク」というしくみがある。このコレワークを立ち上げるとき、法務省の人が、僕たちのところにヒアリングにやってきたこともあった。

応募があったら、僕は反省文を書いて送ってくださいと返事を出す。
最初に僕が出す手紙は、こんな感じだ（一部抜粋）。

＊＊＊

○○○○さん

○年○月○日
北洋建設株式会社
代表取締役　小澤輝真

手紙をいただきました。あなたの身元引受人になります。

前科があるという理由でほとんど働けず、おなかがすいてパンの窃盗などで再犯をするか、無職だった人が当社にはたくさんいます。再犯せずに長く働いてください。

当社はすでに前科者を500名以上扱っています。

あなたのやる気を見たいので、この手紙が届いてから10日間以内にお返事ください。

もし懲罰などで送れない場合は送れない理由を刑務官に伝えてください。

手紙の発信できる日は知っていますので、遅くなっても考慮します。承諾書もつけるので反省文と一緒に送ってください。承諾書の内容は法務省の指示なので、しっかり理解してください。拇印も必要です。

反省が大切です。

当社では犯罪をしたことは隠しません。しっかり反省して聞かれたら答えてください。

前科者も何人もいるので安心してください。殺人未遂者や死体遺棄者もいます。

法務省と警察庁に連絡する必要があるのと確認のため、名前・生年月日・年令・満期日・当社を知った理由・今までと今回の罪名・前科・健康状態・今回捕まってからの懲罰の数と反則、以上を教えてください。

犯罪をしたことをしっかり反省して、もう二度と再犯はしないと誓ってください。

人間は間違いをします。あなたはそれが少し大きくて逮捕されたのです。今までは犯罪をしたことでしっかり仕事もできず、職についても前科を隠したことで、ばれてクビになったとよく聞きます。今までのことをしっかり反省してください。やったことは隠さないでください。隠すと余計知りたくなりますが当社は隠さないのが社風なのでだれも気にしません。

再犯をしなくなると被害者（薬物でも家族が被害者）がいなくなり結果的にあなたを見直すことになります。

＊＊＊

反省文の内容は重要だ。非常に感覚的なものだが、文字が下手でも、文章が拙くても、本気で過去の罪を反省して、更生をしようとしているかはなんとなくわかる。逆に、内定が出れば、仮釈放で早く塀の外に出られることから、内定ほしさが見え見えの反省文もある。そうした人は不採用になる。

もちろん仕事をしたいという意欲があることは大前提だ。

そうやって何度か手紙のやりとりをしていく。

＊＊＊

小澤社長様

前略

まだまだ厳しい寒さが続いておりますが、体調の方は大丈夫でしょうか？　自分の方は何事もなく生活を送っております。

今月の1日に無事故1年賞をもらいました。早いもので札幌刑務所に来て1年が過ぎました。この1年を自分なりに振り返ってみると、とても充実した1年を過ごすことができました。

前の刑では何度か懲罰に行く自分ではありましたが、今回の務めは違いました。自分でも少しだけ大人になったんだなと感じています。無事故で過ごせているのもまわりの人たちのおかげだと実感しています。それに今回は、社長が身元引受人になってくれたこともあり、そのお陰だと思っております。

その後、保護観察官または保護司さんから何か連絡はあったでしょうか。いまだに仮面接が入らないため心配しています。

いきなり本番の面接でしょうか。不安です。

これからもなんとか事故を起こさないように生活していきます。

工場や講堂に北洋建設の従業員募集の広告が貼り出されていました。

社長、本年もどうぞよろしくお願いいたします。

お返事待っています。

くれぐれも身体には気をつけてください。

この辺にて失礼いたします。

草々
〇〇〇〇

＊＊＊

僕のもとには刑務所から毎日5〜6通の手紙が届く。

手紙を書いてくる受刑者は年間約100人。そのなかから、反省と更生の意思を確認できた30〜40人ほどと面接をする。面接は、僕が現地の刑務所まで行って行う。それまで手紙のやりとりをしていても、このときが初対面だ。刑務官や保護職員からの推薦は、大きな参考材料になる。これまで網走から鹿児島まで足を運んだ刑務所等は200を超える。

面接は、アクリル板越しではなく、会議室で行われる。

小指がなかったり、全身に入れ墨があったりしても、それだけで不採用ということはない。その理由を聞く。見た目で判断しないというのは、すでに書いたように、僕がピンクの頭で面接に行き、罵倒された経験があるからだ。

面接の際は、受刑者の目を見る。

目を見て話せない、目をそらすものは、更正する意志が本当はないなど、どこかに負い目がある。

あと挨拶ができるかも見る。挨拶ができないものは、約束を守る、嘘をつかないなど、他の基本的なこともできないことが多い。

とはいえ、面接までいけば、ほとんどのケースでその場で内定を出す。面接はだいたい15分ほどだ。

「お金がなくて、衣服や作業服、作業靴、道具が買えない」と心配する人には、ぜんぶこちらが用意するから心配しないでと伝える。

入社が正式に決定するのは出所の2週間前。遠くの刑務所には、出所日の前日までに札幌までの交通費と準備金の1万円を送り、札幌駅で待ち合せるという流れだ。近くの刑務所であれば、秘書が迎えに行く。

ちなみに刑務所にいる間に、面接をして内定を出すのは、不安な気持ちで社会に戻り、職を探すより、出所前に仕事が決まることで、安心して残りの刑期を過ごしてもらいたいからだ。

当日は、歓迎の意味もこめて寮の部屋をピカピカにして受け入れる。

すでに見ていただいたように、身元引受人がいなくて仮釈放がとれない人は僕が身元引受人になる。また、会社自体が民間の更生保護施設に当たる自立準備ホームとして登録されていて、帰住先として受け入れることもできる。

そのようにして入社した社員たちを何人か紹介したい。前科があるといっても、皆それぞれの事情があるのだ。

社員たちの過去

ある社員は、前科3犯だ。前科3犯といえば、凶悪犯という印象を持たれるかもしれないが、決してそうではない。彼の場合はこうだ。

1度目は公務執行妨害と傷害。警官からの指示に従わず、叩かれた際にやめてくれと叩き返したら、逮捕された。

2度目は、道におばあさんが倒れていて、声をかけたら、持病の心臓発作だという。すぐ裏に家があり、そこに薬があると言われ、取ってきて飲ませたところ、落ち着いたので、そのまま帰宅した。

ところが、数日後、不法侵入で逮捕された。おばあさんの家で薬を探している姿を誰かが見て通報をしていたのだ。当然、おばあさんのことを話したそうだが、そんなに苦しんでいるときに話せるはずがない、と言われたという。なぜか、おばあさんの証言は採用されず、裁判でも人命優先と主張したが認めてもらえなかったそうだ。

3度目は、窃盗だ。仕事を終えてコインランドリーで作業服を洗濯していた。洗い終わるのを待っている間、つい眠ってしまったという。

目を覚まし、寝ぼけた状態でランドリー内の洗濯物を取り込もうとしたところ、間違えて隣のランドリーを開けてしまった。その様子を洗濯物の本来の持ち主が見つけて通報。窃盗の現行犯で逮捕された。

前科があったこともあり、2年8か月の実刑。刑務所に収監された。

彼はもともと塗装業をしていたが、地元では収監されたことが知られていて、雇ってもらえるところはどこにもなかったという。

今は、解体作業や土木作業など、塗装業とは異なる仕事をしているが、資金をためて将来的には独立をしたいと考えている。

ＡＴＭを壊して、逮捕されたものもいる。

彼が入社した関東のある会社は、北洋建設と同じ建設業。しかし、そこは日常的に暴力がまかり通るところだった。精神的にも追い込む、いわゆるブラック企業だ。辞めるなど口にしようものなら、また暴力。

「逮捕されたら辞められる」

そう思った彼は、人を傷つけたくなかったからと、ＡＴＭを壊して、自首をした。被害額は２０００円だ。

北洋建設に入社した際、彼には不安があった。うちの会社は道外の仕事を受けることもある。その際、仕事は他の会社と一緒に行うケースも多い。そして、この業界は意外と狭い。

彼が東京の現場で以前の職場の同僚と顔を合わせる可能性はゼロではない。相談を受けた僕は、先方の会社に電話をした。

「以前、おたくにいた○○覚えてるか、今うちにいるんだわ。現場であっても絶対に手出すなよ」

このように以前、身を置いていた環境が劣悪で、そこを抜け出すためにわざと逮捕されたり、やむにやまれず罪を犯したりするものは北洋建設には少なくない。

暴力団から抜けるために器物損壊をしたものもいるし、ある社員は、知り合いの経営者に誘われて、入社したものの、3か月以上休みがなく、仕事は深夜まで。しかもろくに給料を払ってもらえず、職場では日常的に暴力を振るわれる。生活費に困って、会社のカードで日用品を買い、一部は換金をして生活費に充てた。家賃は出前のお金から払った。そして、詐欺罪で逮捕された。被害額は約30万円。給料が適正に支払われていれば、使い込まなくてもいい金額だろう。

取り調べでは警察からも「お前の気持ちはわかる。殴ったりしないでよかったな」と同情されたという。

執行猶予付きの判決が出たが、有罪は有罪だ。

更生保護施設で約半年間、就職活動を続けたが、なかなか仕事が見つからず、途方に暮れていたところ、施設の先生から北洋建設を紹介されて、入社した。

もし北洋建設に出会っていなければ、再び罪を犯していたかもしれないという。


一家心中をしようとして逮捕されたものもいる。

彼はあるメーカーに勤めていたが、夫婦仲が悪くなり生活がうまくいかなくなったことから、心を病んでしまった。

当時12歳の息子の首を絞め、自分も首を吊ったが死ねなかった。

息子は当時足を骨折し、病院から一時帰宅中の出来事だった。息子を病院に送り届けたとき、様子がおかしかったことから、病院が警察に通報、任意同行され、心中による殺人未遂として懲役3年の刑を受けた。

彼は面接にスーツ姿であらわれた。

普通刑務所での面接は作業着で行われる。彼がいた山形刑務所は受刑者の人権にも配慮してくれて、なおかつ就労支援に積極的なスタンスを取ってくれている刑務所の一つだ。

面接で僕は彼に言った。

「一生かけてつぐない、反省をすることです。それを忘れずに新しいスタートを切ってください」

もう一人、殺人未遂で逮捕された元受刑者を紹介したい。

当時、付き合っていた女性に何度も浮気をされ、我慢の限界に達して「なんでそんなことをしたんだ!」と包丁でせまったら、つい刺してしまったのだ。

彼は出所後、北洋建設で一所懸命働いた。

そして、結婚が決まった。

相手の両親に過去を打ち明け、結婚を許されたのだ。

社会復帰をして、働いて納税者になり、家庭を持つ、僕にとってこんなにうれしいことはない。

彼らを見ていると、境遇や環境が犯罪に及ぼす影響はとても大きいと感じる。罪を犯したからといって、悪人とは言えない。

彼らの多くは、自らの行為を悔いて、社会復帰を望んでいる。働く機会があれば、立ち直る力を持っている人たちなのだ。

そんなやる気と向上心がある人を見捨てることはできない。

加害者の保護と被害者の保護

そうした事情を知ったところで共感できないという人もいるかもしれない。

犯罪は犯罪だ。なぜ、加害者ばかりを守るのか、被害者のことを考えているのか、と思われるかもしれない。実際にそのような批判をもらったこともある。

ただ、彼らはさまざまな事情のもとで罪を犯し、定められた刑に服した。その後については、彼らも他の人と同様に働いて普通の生活を送る権利があるし、その必要がある。

そもそも僕は、加害者を助けることは、被害者をなくすことにもつながると思っている。

北洋建設にはオレオレ詐欺の受け子としてお年寄りから3億円をだまし取った人間がいる。しかし、彼に働き場所を与えて更正すれば、これから詐欺の被害にあうお年寄りをなくすことができる。

加害者を助けることで、被害者もまた、助かっていると言えるのだ。

「あとがない人」たちが発揮する力

北洋建設は、元受刑者以外にも、さまざまな人を採用している。

中卒の人間も少なくない。

関東で暴走族のリーダーを務めていた人間がいる。

全身に和彫りのものすごい入れ墨が入っていて、ヤクザと喧嘩をして保護観察処分になって、地元にいられなくなり、高校を中退して、北洋建設にやってきた。

ところが挨拶ができない。

「おはようございます」「こんにちは」も言わない。

現場に出すと、穴掘りでも部材の運搬でも、どんどんこなす。ガッツはあるが、いかんせん誰とも口をきかないのだ。

そんな彼にあるとき、

「お前、挨拶はできないけど、仕事すごく頑張っているみたいだな、すごいじゃないか。皆が感心していたぞ」

と言ったところ、

「生まれて初めて人からほめられた。ほめられるとこんないい気持ちになるんだ」

とニコニコ笑った。

その日以来、彼は挨拶をするようになり、皆ともうちとけるようになった。

後日、彼から「敬語を教えて」と言われた。

「教えてください、だろ」

「わかった」
「違う、わかりました、だ」

そんな調子だから、教えるのにものすごく骨が折れたが、社会人として恥ずかしくない言葉づかいもマスターした。仕事もさらに頑張って、ものすごく伸びた。
今は、転職をして別の職場で頑張っている。

その一方で、こんなケースもある。
僕は、中学校に面接に行くことも少なくない。
あるときのことだ。面接にお母さんが来ていない。
先生にお母さんはどうしたのか聞くと、「お母さんは1週間前に亡くなりました」。
なぜ亡くなったのか聞くと、
「お父さんも亡くなっています。二人ともシンナー中毒でした」

当の本人はずっと下を向いて黙っている。僕は言った。

「全然いいよ、うちにはもっとひどい子がいっぱいいるよ。大丈夫だよ」

彼らや元受刑者たちは本当にあとがない。あとがないから一所懸命働く。だから、何かの縁があってうちで働くことになったら、僕は、父や母がそうしてきたように彼らの親がわりとなって全力で愛情を注ぎ、面倒を見る。高齢の元社員を自分が所有するマンションに住まわせたり、グループホームに入居させたりしたこともある。

それは障害者でも同じだ。

北洋建設では、現在僕以外に6人の障害者が働いている。

建設現場は危険だからと断るのは簡単だが、障害があってもやる気があれば、できそうな仕事を見つけてあげたいと思っている。

あるものは、元請けの会社にいたときに脳梗塞で倒れた。その会社からリハビリがてら入れてほしいと依頼されて、10年以上前から資材センターで働いている。

資材センターでは、足場の資材の片づけ、整理、準備をするなど、なかなかハードな仕事を行う。

最初のうちは、後遺症で何を話しているかよくわからなかったが、最近は完全にわかるようになった。働くことがリハビリになったと同時に、まわりの人との関係も築けた。今では朝その日にやってほしいことを伝えれば、勝手に一人でやってくれる。

2010年からは厚生労働省が進める中間的就労のモデル事業所としての活動を始めた。具体的には、長期間働いていない、心身が不調、障害がある、コミュニケーションが苦手などさまざまな課題を抱えて、本格的に働くことが難しい人がその準備のために行う就労だ。

この活動で入ってきた人の一人は、資材のなかでも比較的軽いパイプなどを準備する担当だが、計算が苦手なため、正確な数をそろえることが難しい。一緒に声に出しながら、チェックすることが欠かせない。しかし、コツをつかむとびっくりするほど、早く丁寧に並べてくれる。

このとき、うちではベテランの社員の経験や人間力が大きな力になっている。だから、定年を70歳にして、70歳までは昇給が可能な賃金体系にしている。そのため、68歳で家を買った社員もいる。

障害者を正式に雇用すると、市から助成金が出る。しかし、うちでは助成金をもらわずに日当でお金を支払っている。彼らには1、2年働いて、仕事ができるようになったら別のところに行って仕事をするように言っているからだ。もちろん希望すれば、引き続き働くこともできる。

助成金は転職先で使ってもらう。面接では北洋建設にいたということを言っていい、むしろ言うようにと伝えている。おかげさまで、札幌では北洋建設は就労支援である程度、名前を知られている。社名を出せば、プラスになるケースも少なくないからだ。

元受刑者にせよ、中卒者にせよ、障害者にせよ、仕事があるということは、とても重要なのだ。そして、どのような人でも、必ず能力を発揮できる仕事はある。

それでも8割が去っていく

元受刑者の受け入れのすべてが成功しているわけではない。

すでに述べたように、定着率はよくて2割だ。

入社が決まった元受刑者を迎えに行くと書いたが、当日、現れないものも多い。入社してからも、休憩時間にコンビニのトイレに行って、そのまま戻ってこないというケースもあった。朝になったら寮の部屋から消えていたものもいる。

うちの仕事は肉体労働だから、きついといえばきつい。また、同業のなかでも求められる仕事のレベルは高い方だろう。

1年目は、現場で必要な体力をつけるための修業期間だ。特に入社後1か月の間行われる新人研修はハードだ。早朝起きて、資格を取得するための学科講習を受ける。また、現場で使う道具や部品の名称、作業手順も覚えてもらう。さらには、仕事に必要な体力を養う「地獄のトレーニング」がある。

総重量が30キロ以上ある足場のブレースや布板、単管パイプなどの仮設足場の部材を担いで往復50メートルを歩いたり、リレー競争するのだ。実際、現場に入れば、朝から晩までこの繰り返しだ。早く慣れてもらうためにはもってこいのトレーニングだと思ってやっている。もちろん、マナーや礼節についても厳しく教えるし、怠けたり、無断欠勤などルールを破れば厳しく叱る。自分への甘さが再犯のリスクにつながるからだ。

現場に出ても1年目は雑用が中心で、面白みを感じられないかもしれない。

しかし、1年もたてば、未経験の人間でも体つきが頑丈になり、多くのことができるようになる。技術も身についてこの仕事の面白さもわかるようになる。

もちろん、職人に向いていないと判断すれば、資材センターでのスプレーの吹きつけや草刈りや除雪など、別の仕事をやってもらう。

とはいえ、仕事が楽しくなるまで待てず、遊びたいなどの誘惑に負けて辞めてしまう人間は少なくない。何度か紹介しているように8~9割は、入社して半年以内に会社を去る。なお、2016年にNPO法人全国就労支援事業者機構が、過去に出所者を雇用した企業に対するアンケート調査を実施したところ、雇用された出所者の46・2%は半年以内に勤め先を辞めたことがわかっている(回答企業646社)。

もっとも、出所者が最初の職場に定着するのはまれで、働く場所を変えながら、少しずつ社会に慣れていくという見方もあるようだ。

一方で、しっかり手に職をつけてある程度、一人前になったら、地元に帰りたくなったり、独立したくなったりするものもいる。そういう人は、むしろ積極的に背中を押している。うちでつとめられたら、どこへ行ってもやっていける。そして、そのときは北洋建設の名前を最大限活用するように言っている。そうすると信用度が違うし、その瞬間に、社会に受け入れてもらえることを実感するはずだ。

どのような形であれ、辞めるだけなら、まだいい。無断で辞めたとしても、迷惑をこうむるのは、基本的に北洋建設だけだからだ。現場から突然消えても、発注先に迷惑をかけないように仕事をしてきたつもりだ。

問題は、在職中の再犯だ。

僕が社長になってからは、幸いなことに再犯はゼロだが、父の代や母の代では、再犯をして捕まる社員がいた。それでも、全国の再犯率48・7％に対して、これまでで2割以下だから、低い方だと思う。

覚せい剤の前科があった社員が、再び薬に手を出したあげく、社員に売りつけたことがあった。売った社員は逃亡、買った社員は、警察に発覚する前に、母と僕のところに詫びを入れて、自首していった。

それ以来、薬物の前科がある人間については、抜き打ちで試薬を使って尿検査を行い使用の有無を調べるようにしている。試薬は1回分、約８０００円。もちろん、これも実費だ。

孤独を感じさせないために

とはいえ、再犯防止の最良の方法は、そうした締め付け的なものではなく、コミュニケーションだと思っている。

僕は体調が悪くなった今でも、できるだけ社員と夕飯を食べるようにしている。これは父の代から続く、北洋建設の伝統だ。人間、お酒が入ると本音を話す。そこで関心を持って聞いてあげる。誰だって愚痴や悩みがあるのは、当たり前。それをためこむのではなく、吐き出させてあげる。そして、こちらも一緒に酔っぱらってあげる。それだけでもずいぶん楽になるものだ。月2回は、社員皆が集まってジンギスカン屋さんで食事会をしている。

昔は、一緒に銭湯に行くこともあった。さすがに今では難しくなってしまったが、とにかく愛情を持って接すること。愛の反対は無関心だ。彼らに孤独を感じさせないこと。それだけでずいぶん違ってくる。

定期的な個人面談も行っている。そこでは仕事だけでなく、生活面についても話を聞いて、アドバイスをしている。また60人も社員がいれば、どうしても気が合う、合わないはある。実際、小さないさかいもある。それが大きなトラブルに発展しないよう、未然に防ぐのは僕の仕事だ。また、大学院時代に医学関係の単位をたくさんとったことから、病気の早期発見にも力を入れている。

だから、残ってくれた元受刑者の社員たちは、本当に一所懸命働く。

加えて、うちは「出戻り」を認めている。

出所して北洋建設に来て働いたけれど長続きせず、その後、再犯をして罪をつぐない、再び会社の門をたたくケースだ。数は多くないが、そういう人たちはいる。もちろん、そうしたときは基本的に受け入れる。

彼らはうちで働けることのありがたさが身に染みているから、ものすごく一所懸命働いて成長する。失敗をしない人はいないのだ。そしてそこから学ぶことは本当に多い。僕だって、8割の元受刑者を離職させてしまっている。失敗したことを責めるなんてできない。

元受刑者だから

北洋建設の取り組みがメディアで取り上げられ始めたときのことだ。

近所の人から犯罪者がいる会社は出ていけというクレームが入ったことがある。

しかし、うちの会社は冬になると、毎朝近隣の除雪をしている。

雪捨て場がないので、とかすために融雪機を持ってくる。この作業はとても費用がかかる。そして、この作業をやっているのは、元受刑者たちだ。

「自分はこのようなことでしか役に立てないのでやらせてください」と自ら進んでやっているのだ。

そうしたことを伝えて、「彼らがこれまでトラブルを起こしたことがありますか」と聞いた。

もちろんトラブルなど起こしたことはない。

朝目が覚めると、ちゃんと自分の家のまわりの雪がとけてなくなっている。

頼まれれば、雪庇《せっぴ》という屋根からせりだした雪を、家の上にのぼって落としたりすることもある。

話を聞いたその人は感動して、それ以来、ビールとかタバコを差し入れてくれる。他のご近所さんからは、クリスマスに七面鳥をいただいたこともあった。それも、彼らの普段の行いのたまものだ。

元受刑者だからだめなのではなくて、元受刑者だから一所懸命にやる。

そうした側面は絶対にある、と僕は思う。

病を発症したことをきっかけに、これまでの自分の経験や考えをまとめなければ、そう思った僕は2012年から大学院に通い始めた。

専攻は「犯罪者雇用学」。

経営との両立は、本当に大変だったが、担当の教授からは「小澤君が第一人者だから頑張れ」と励まされ続けた。

修士論文のテーマは「職親、協力雇用主、更生保護における再犯等の考察」。官民による再犯防止のための取り組みを整理し、それぞれの内容と問題点を指摘した。作成に当たっては、厚生労働大臣をはじめさまざまな人にインタビューも行った。

書き上げたのは2015年3月、このころになると、だいぶ指先が不自由になって執筆は、とても苦労した。完成した論文はA4用紙100枚。審査をパスし、無事に修士課程を修了することができた。

第4章

霞が関

職親《しょくしん》プロジェクトへの参加

余命宣告を受けて、もう一つ、僕が取り組んだこと。それが元受刑者を受け入れる環境を改善するための取り組みだった。

２０１３年、東京へ行くときの飛行機の機内誌で次のような文字を見つけた。

「職親プロジェクト」

企業経営者が少年院や刑務所を出た人を雇い、更生を支援する、この年から始まった、日本財団による再犯防止のための取り組みだ。

具体的には、少年院出院者や刑務所出所者のうち、更生意欲の高い人を対象に少年院や刑務所内で面接を行い、出院、出所後６か月以内の期間、就労体験を行い、雇用へとつなげることで円滑な社会復帰を支援し、再犯率の低下を目指すものだ。

入社した元受刑者1人あたり、月8万円が最大6か月間、給付される。

メンバーには、全国でお好み焼き屋をチェーン展開する千房《ちぼう》株式会社の中井政嗣《まさつぐ》会長らが名前をつらねる。

中井会長は、2009年ごろから出所者雇用をスタートさせ、2013年には関西に拠点を置く企業に声をかけ「職親プロジェクト」を発足させた、このプロジェクトの発起人代表だ。

職親プロジェクトの設立趣旨は次の通りだ。

＊＊＊

ひとりをみんなで支える

刑務所出所者、少年院出院者一人ひとりの更生を参加企業みんなで支える、そして参加企業が抱えた課題や解決を参加企業や専門家みんなで考え、議論し、互いに支え合う。

日本財団職親プロジェクトは、参加企業、法務省、矯正施設、専門家など、様々なメンバーで、再チャレンジできる社会、犯罪被害に悲しまない社会を目指しています。

犯罪は許されることではありません。しかし、再犯を防がない限り、犯罪被害で悲しむ方はなくなりません。

そして、一度罪を犯した者は、本当に気持ちを改め、罪を犯さぬよう社会復帰しようと望んでも、社会の厳しい目や反発などが原因で、叶わないのが日本の現状です。

それは、刑務所出所者や少年院出院者が幾度と犯罪を重ねる悪循環に繋がります。

その悪循環は、大きくなればなるほど犯罪の被害に悲しむ人が増えることに他ならず、日本が安心・安全な国になるためには、再犯を防ぐことは欠かせません。

過去は変えられないが、未来は変えられる。

日本財団職親プロジェクトは、再び罪を犯すことを防ぐため、また犯罪で悲しむ方を増やさないため、「就労」、「教育」、「住居」、「仲間づくり」の視点で刑務所出所者、少年院出院者の社会復帰を応援していきます。

＊＊＊

「同じことをやっている人たちがいる」

同じ志を持つ人がいる。そうした人たちとつながりたいと思った。

給付が出るのもありがたい。僕はすぐに職親プロジェクトに申し込んだ。2019年現在、130社が参加している。これまで北海道で参加しているのは、北洋建設1社だけで、東京ブロックの所属だったが、現在、北海道ブロックを立ち上げようと、道内の企業に呼びかけているところだ。

職親プロジェクトの取り組みを見て、同時に思ったことがある。

「もっと発信しなくては」

職親プロジェクトは民間のものだが、国にも同様の制度がある。

それが協力雇用主制度、というものだ。

これは法務省の制度で、事業主が少年院や刑務所を出た人、保護観察を受けている人を、その事情を理解したうえで雇用し、改善更生に協力することを指す。

北洋建設は、2007年に協力雇用主に登録していた。しかし、当時の協力雇用主は完全なボランティアで、奨励金などはない。

そもそも、北洋建設は、父の代から、元受刑者を積極的に受け入れてきた。それ自体があたりまえのことだったから、特にそうしたことを発信していなかったが、もっと自分たちの取り組みを知ってもらうべきではないか。

実際、北洋建設のことが少しずつ知られるようになって、同じような取り組みをしている会社から、相談を受けたり、受け入れにあたっての具体的なアドバイスを求められることもしばしばだった。

自分たちが先頭に立って取り組み、それを見てもらうことで、いろいろなことが変わるのではないか。

そうした思いが強くなっていった。

遠い会社だから働きたい

2018年4月24日、僕は東京・霞が関の法務省にいた。

目の前に座っているのは、上川陽子法務大臣だ。

僕は大臣に直訴しに来たのだ。

北洋建設は、刑務所に求人情報を載せたポスターを送って、採用をしていると、紹介をした。

おかげさまで、北洋建設の取り組みを積極的に発信していくようにしてから、テレビなどで取り上げてもらい、僕たちのことが多くの人に知られるようになった。その結果、全国の刑務所から問い合わせが届くようになった。そこで、より公平に求人をしようと、２０１７年からは全国の刑務所にポスターを送ることにした。

ところが、その後、僕たちがポスターを送ったすべての刑務所にアンケートを実施したところ、多くの刑務所でポスターが掲示されていないことがわかったのだ。

アンケートには、理由を書く欄があり、大半の理由は次のようなものだった。

「北海道は遠く、出所者がそこで働きたいとは思えないから」

違うのだ。

遠いからこそ、地元でないからこそ、働きたいのだ。

地元には、周囲の目がある、悪い仲間もいるかもしれない。だから、そうしたところとは無縁の「遠い北海道」で働きたいと思う人も一定数いるはずなのだ。僕は憤慨した。

とはいえ、刑務所は、それぞれによってカラーがある。就労に理解のあるところもあれば、残念ながら意識の低いところもある。所内で採用面談をすることを認めなかったり、受刑者が求人に応募したいのに刑務所が通さないため、直接手紙が来たということもある。いつでも応募ができるはずなのに、満期日の半年前からしか応募できないと言われたケースもあった。職業安定法上、特定企業の社名を出すと、その会社の利益になるからと、北洋建設の名前を受刑者に伝えないところもあった。つまり、そのときの所長の考え方によって、大きく変わるのだ。

個別に交渉をしていったら、時間がいくらあっても足りない。

ただでさえ、僕に残された時間は少ないのだ。

そこで、考えた。刑務所を管轄する法務省から、トップダウンで指示をしてもらおう、そうすれば、貼り出してくれるかもしれない、と。

とはいえ、一民間企業がただお願いしますと言って、法務省が動いてくれるわけではない。このとき、力になっていただいたのが、元衆議院議員の鈴木宗男先生だ。

鈴木先生は、地元が北海道であること、そして僕が北方領土へ何度かビザなし渡航をしたときのご縁で、親交があったこと、なにより、北洋建設の元受刑者の受け入れを、ずっと気にかけてくださっていた方だ。

そこで、鈴木先生にお力添えをいただき、上川大臣と面会することができたのだ。

自社のため、なのか

実は、お会いするのは、2度目だ。

前回、お会いしたのは、2017年12月20日、職親プロジェクトを行っている、日本財団による法務大臣との意見交換会だった。

これは職親プロジェクトに参加している15社の代表と、大臣とで課題を解決するための意見交換をするというものだった。

そして、そのうちの1社として僕は参加していた。

実は、このときひと悶着あった。

僕は、自分が発言するときに、北洋建設の募集ポスターを皆に見てもらい、刑務所で貼ってもらえない現状を説明しようとした。

しかし、その旨を事前に日本財団の担当の方に伝えたところ「自社のＰＲはちょっと」と言われてしまったのだ。

これは僕は心外だった。

僕は、自社だけがよければいいなどと思ってはいない。

確かにこうした取り組みによって、北洋建設は人を採用することになる。彼らが働くことで売上があがり、利益が出る。すなわち、それは自社のためにやっていることではないか。そういう見方もできるかもしれない。

もちろん、僕たちもボランティアで元受刑者の受け入れをやっているわけではない。ビジネス活動のなかでやっていることだ。

一所懸命働いてくれる元受刑者がいる。だから、採用をしている。

その一方で、更生していく社員たちの姿を見ていると社会的な意義の大きさも感じる。

働く場を提供することで、再犯が減る。これは社会の利益につながる活動だ。自社の利益なんてたいして大きなものではない。そもそも8~9割が辞めていくのだ。利益が出ているどころか、マイナスかもしれない。父の代とは事情が違う。

僕らがそうやって雇用をしていくことで、少しでも多くの企業に、元受刑者を受け入れることの意義を知ってもらい、一緒に行動してもらいたい。北洋建設だけでは限界がある。僕らは先頭で、道を開いているだけ。だから、他の企業にも、そして国にももっと本気になってやってほしい。反省は一人でできるが、更生は一人ではできないのだ。

だから、担当の方に言った。

「PRじゃないんですよ。受刑者のためなんですよ。それを法務省がやってくれないから、やってくださいとお願いしたいんです。なんでわかってくれないんですか」

そして「俺は言う!」と言って、意見交換会で強く訴えた。

大臣にも要望書を渡した。

大臣にどこまで伝わったかはわからない。

しかし、それから半年もたたないうちに、大臣と面会の機会を得ることができたのだ。自分勝手だと思われていたら、会っていただくことはなかっただろう。だから、あのときの僕の行動は、間違っていなかったと信じている。

大臣と面会

僕は社員に車いすを押してもらいながら、大臣の待つ部屋に向かった。

驚いたことに、大臣は僕が入室する5分前から立って待っていてくださっていたそうだ。僕は、懸命に訴えた。

「僕たちは出所者の更生に全力をかけています。彼らに更生してほしいから求人ポスターもつくりました。それを全国の刑務所に送りましたが、貼っていないところが多い。その理由が『当施設が北海道から遠いから』というんです。でも遠いというのは、地元に帰りづらい受刑者にすれば、実は好ましい条件です。だから、その理由はありえません」

それに対して、大臣はこう同意してくださった。

「確かにその理由はおかしいですね。受刑者には、就職できるのはこのエリアだけと制限するのではなく、全国が対象となるべきです」

そしてこう続けられた。

「法務省から刑事施設に対して十分に周知していなかったため、出所者の更生が進まず、北洋建設には長い間ご負担をおかけしながらも、ただひたすら出所者を受け入れ頑張っていただいたことはありがたく思います」

「希望する人にはパンフレットを見せたり、ポスターの掲示も現場に徹底してもらいます」と事務方の人も言ってくださった。

同席された、鈴木先生もおっしゃってくれた。

「私も、2010年12月から1年間、収監された経験があります。まわりの受刑者を見ていると、多くの人が出所しても行く当てがないんです。これはまずいと痛感しました。現場のことを政治家は知りません。少しでも更生できる環境を整えていただきたい」

このとき、複数のメディアの方が同席していたのだが、そのうちのある人がこう言ったという。

「大臣は官僚がつくった原稿ではなく、自分の言葉で交渉に臨んでいた。行政としての周知が不十分であることも認めた。一気には無理でも、出所者を巡る社会環境が少しは是正されるかもしれない」

その後、北洋建設のポスターは全国すべての刑務所で貼り出された。

法務省が動いてくれたのだ。

生きているうちに

実は翌日、僕は安倍晋三総理にも直訴するつもりでいた。

しかし、さすがにアポイントなしでは、お会いすることはかなわなかった。

でも、その2か月後、間接的に総理とつながることができた。

2018年7月6日、人命救助や社会福祉、国際協力や環境保護などの分野で活躍した人を表彰する、社会貢献支援財団の「社会貢献者表彰式典」でのことだった。

このとき、元受刑者の雇用を続けた功績で表彰をされたのだが、この財団の会長が、安倍総理の夫人である、安倍昭恵さんだった。

安倍昭恵さんから「ありがとうございます」と言っていただき、表彰状を受け取った。式のあと挨拶をさせていただき、僕はあらためて、「人は仕事さえあれば再犯をしない」という自分の思いを伝えた。それが、総理にも伝わることを願って。そして、電話番号とメールアドレスを交換した。

短文だがよくメールをいただく。

「ご病気でありながら常に世の中のため人のために本当に凄いと思います」

生きているうちに、総理にお会いして、思いを伝えたい。それによって、何かが変わっていくかもしれない。

目下の目標の一つだ。

就労支援とお金

２０１９年1月16日、再び法務省。

僕の前には、前年10月に着任された山下貴司大臣がいた。

「出所者の受け入れには多大な費用がかかります。僕はこれまで約2億円を出所者の更生に費やしてきました。今ではその費用捻出のため、個人の土地も売りに出しています。ぜひ、公費での助成を増やしてほしいです」

２０１５年からは、協力雇用主制度が変わり、雇用開始から6か月間は月額最大8

万円、7か月目からは3か月ごとに12万円の最大72万円が支給されるようになった。これは日本財団や中井会長らの働きかけによるところが大きいという。とはいえ、要件が厳しく、満額が出ることはほとんどない。

またこの年からは、就職希望の受刑者に面接に行くための費用の助成も始まった。しかし、助成のための予算は少なく、年度早々に底をついてしまう。

だから、しばしば僕が自腹を切ることになる。2016年には所有していたマンション1棟を売った。僕が死んだら、このマンションには相続税がかかる。相続税がかかるくらいだったら、売ってそのお金を元受刑者の受け入れに使いたい。もちろん家族が生活に困っていれば売ることはしないが、幸いにも困っていない。であれば、売っても問題はないだろう。

とはいえ、こうやって持ち出しが続くことは、協力雇用主制度の普及という意味では好ましいことではないとも思っている。2018年4月1日現在で2万704社が協力雇用主として登録しているが、実際に出所者を雇用したのは4%強の887社に過ぎない。その一因は、助成が少ないことにもあると思う。

その一方で、名ばかりの協力雇用主がいる現実もある。助成金ほしさに雇用し、「ちゃんと働け」「さぼるんじゃないぞ」と高圧的に使い、少しでも休めばすぐクビにする。実際、うちに来る前に、別の協力雇用主のところで働いていた社員は、9か月間のうち1日も休みをもらえなかったそうだ。体調が悪くなり、このままではきついと訴えると「犯罪者を雇ってやってるんだから文句を言うな」と解雇された。

出所者を雇用する協力雇用主が増えるだけでなく、雇用する側の質も、これからは問われるのだと思う。

「大臣、出所者が北洋建設で働くと僕が社長になってからは再犯率がゼロなんです。うちには殺人未遂者も死体遺棄者もいるけど、働いたら全然問題ありません。こういう会社があることをわかってください」

このとき、大臣に渡した意見書の内容だ。

＊＊＊

①更生保護を実費で行うことが多いので、ぜひ助成を増やしてほしい。出所後1年までは助成が出ますが、当社はそれ以降の人の方が多い。10年前に出所した人もたくさんいます。

これまで2億円を出しており、足りないときは土地や建物を売っています。

②飛行機代や建設工具代や着替え等は、実費を当社が出しており、当社に来ると感謝で再犯率が0％です（私が社長になってから）。

私がやめたら再犯が増えると（余命3年）元受刑者の従業員が言っています。

当社にいたヤメ暴（元暴力団）は造船会社の社長になりました。キリスト教の牧師になったものもいます。

③国会で外国人技能実習生の雇用34万5100人を目標にしていますが、再犯防止

法の観点から、前科者や犯罪者雇用にも力を入れてほしい。

平成29年度は2万4065名が出所していますが、前科があるという理由でそのほとんどが働けず、おなかがすいてパンの窃盗などで再犯をするか無職になります。当社にはそうした人がたくさん来ています。

④再犯防止に大変効果がある刑務所に貼ってある当社のポスターや「Chance」や「Next」などの刑務所内求人誌への案内も自費なので補助がほしい。

⑤雇用をしっかりやっている会社は各種法務省の仕事ができるようにしてほしい。

⑥受刑者は、就労支援対象者に選定されているかどうかを問わず応募できるはずで、厚労省からすぐと言われている専用求人を、規則があるのでさせないというところがある。これでは応募ができない人がいます。各刑務所の対応が所長により、まったく違うので、変えてほしい。

⑦刑務所にいると一人年間３００万円くらいかかるといいます。もらえる最高助成額は72万ですが、当社は1回だけしかもらっていません。当社に来ると逆に働いて税金を払います。助成金を考えてください。

⑧「受刑者は怖いし急にキレて何をするかわからない」と言って、雇わなかったり、「受刑者がいることがばれたら恥ずかしいから」と社名を変える会社もあります。しかし刑務所では、特定の企業の利益になると言って、受刑者を雇おうとする会社の名前を言いません。これは前の大臣にも伝えました。

⑨有志はたくさんいるのに誰が何をやっているかわかりません。民間企業との連携強化に取り組んでください。協力雇用主すらわかりません。

⑩企業に就職予定の人の行動を、個人情報と言って事前に教えてくれません。どこに移動になったかや懲罰などです。

就職先の企業には教えてほしいです。移動先など、手紙ですべての刑務所に確認することになり、そのための経費は自費です。

＊＊＊

要望書を受け取った山下大臣はこう約束してくださった。

「今回いただいた話でできることについては、事務方で話し合いをします」

山下大臣は、２０１６年に施行された「再犯の防止等の推進に関する法律（再犯防止法）」を議員立法で成立させた当事者だ。再犯防止法は、仕事や住居がない出所者のため、その職業や住居の確保、刑務所などでの職業訓練などの推進を謳ったもの。

実は、再犯者の割合は、年々増加傾向にあり、２０１７年には48・７％と過去最高になっている（再犯者数、検挙者数自体は減少傾向にある）。再犯防止対策は、近年、国の重要な課題となっているのだ。

そこで、2012年、犯罪対策閣僚会議では、「出所等した年を含む2年間における刑務所等に再入所する者の割合を2021年までに20%以上減少させる」といった、具体的な数値目標を初めて掲げ、2014年には「再犯防止につながる社会での居場所づくり」として、「2020年までに帰るべき場所がないまま刑務所から社会に戻る者の数を3割以上減少させる」ことを打ち出した。

その後、再犯防止法が成立し、この法律にもとづき「再犯防止推進計画」が策定されているのだが、この再犯防止推進計画においても、就労確保の重要性は謳われている。とはいえ、すぐに助成の予算が拡大するわけでもない。

受け入れる会社が増えるには

僕が、出所者を雇用することはお金がかかるとよく言うものだから、北海道警で講演をしたとき、検討している他の企業が二の足を踏むのでやめてほしいとお願いされたことがある。確かにそういう面はあるが、だからこそ僕は逆に強く訴えて、助成金などを充実させるべきだと思っている。

法務大臣への要望書でも書いたように、刑務所で受刑者が1年間過ごすと300万円。対して、雇用する会社の助成金は最大で72万円。もう少し、雇用主に助成してもいいのではないだろうか。確実に再犯防止につながるはずだ。

また、どの会社が元受刑者を雇用しているか、あるいは雇用したいと思っているのかが見えない現状もある。職親プロジェクトに参加している企業名は公表されているが、協力雇用主は自らオープンにしているところ以外は、どこが登録しているかわからない。国には有志たちの存在を見えるようにして、連携を促進してほしい。そうすればもっと募集がうまくいき、多くの雇用が実現していくと僕は思う。

もう一つ、元受刑者を受け入れ、再犯防止に取り組んでいる企業の優遇も大切だ。こうしたことも協力雇用主に登録して、雇用をする企業が増え、再犯が減ることにつながっていくと僕は考えている。

例えば、公共工事の入札などで、元受刑者を受け入れている企業に対し、優遇措置をとる。実際、北海道では協力雇用主になると公共事業の入札制度で優遇される措置がとられている。

では北洋建設ができているかといえば、これまで入札したことはない。少し前まで要件に「元請け経験があること」というのがあり、それがネックになっていた。元請け経験がないから、いつまでたっても入札できない。一般入札もあるが、倍率が100倍で年1、2本しか出ないため、そういう場合はほぼ入札ができない。

このような細かな制約がなくなり、公共事業の仕事ができれば、もっと雇用ができるのにと思う。そもそも、下請けの会社の方が、元請けの会社よりもコストを抑えられる。再犯も防げて、余計な経費がかからないのだから、一石二鳥だろう。

そうしたことをことあるごとに訴えていたら、ようやく「元請け経験があること」が要件から外れたと聞いた。

少しずつだが、環境が変わってきている感触はある。
だが、まだまだだ。
残された時間が少なくなってきている。

第5章

大切なもの

残された時間

余命宣告をされてから、とにかくがむしゃらに突っ走っている。

何かをしていても、していなくても残された時間は確実に減っていく。

だから、思い立ったら即行動するようにしているが、実は目の前のことに全力で取り組むことで、意図的ではないものの、自分に死を意識させる時間をつくらないようにしているのかもしれない。

とはいえ、ときどき、いやおうなしに死に向き合わざるを得ない出来事がある。

2014年末、仕事納めを二日後に控えた12月24日、僕はかけがえのない家族を失った。

高校中退をして北洋建設に入社したとき、僕を深夜にたたき起こして、夜明け前の資材センターで、建設会社の仕事を一から教えてくれた、義兄だ。彼は、この年の春に専務になっていた。

専務は除雪作業を終えて社長室に戻ってきた。そして、「少し休む」と言って、横になった。

「皆が帰ってきたら起こしてくれ」

「わかった」

それが最後の会話になった。

外に出て10分ほどして戻ってきたら、義兄は事切れていた。

循環器系の病気で、コレステロールを分解する酵素が体内になく、薬を飲んでいたのだが、体調が悪くなるような病気でなかったからだろう、1週間ほど飲んでいなかったことがあとでわかった。それで血液がドロドロになって亡くなってしまった。

43歳だった。

これはきつかった。

彼を専務にしたのは、僕の病のこともあり、社の将来を託すつもりだったからだ。

なによりも、僕にとっては業界の先輩であり、恩人だ。そして、家族だ。喪失感は大きかったし、なんの前触れもなかったため、死をリアルに感じた出来事だった。

翌年には、脊髄小脳変性症にかかっていた、いとこが亡くなった。

残された時間が少なくなってきている。死が近づいてきている。

2017年までは杖をついて立つことができたが、2018年からは自力で立つことができなくなり、完全に車いすの生活になってしまった。車いすの乗り降りは、誰かの肩をかりなければできなくなったし、自分で車輪を動かすこともできない。

ネクタイを結ぶのも難しくなって、妻にしてもらうようになった。

また、テレビの映像などを見ると、自分でもだいぶたどたどしい話し方になったなと思う。

妻には、僕が焦っているように見えるという。

実際、焦っているのかもしれない。

長男の入社、しかし

2017年、ようやく子どもたちに余命の話をした。

そうしたところ、長男が大学を中退して「最後の親孝行をしたい」と北洋建設に入社すると言ってきた。僕の母のすすめもあったようだ。

「親が生きているうちにいろいろ教えてもらいなさい」

これはうれしかった。

僕は会社を継いでから「こんなとき、親父からアドバイスをもらえれば」と思うときが何度となくあった。

父が生きていたとき、僕は北洋建設で働くつもりはまったくなかったから、仕事や経営に関する話をほとんどした記憶がない。そういう意味では、社員を家族として扱うということ以外、帝王学のようなものは、ほとんど受け継いでいないのだ。

このとき余命5年。

5年もあれば十分だ。

残りの時間で、息子に僕の教えられることのすべてを伝えようと思った。

しかし、うまくいかなかった。

息子は仕事を続けることができずに1年あまりで退職となった。

自分のやりたい仕事が見つかったからというのがその理由だが、本当のところはわからない。

すでに述べたように、入社して最初の1年間は修業期間だ。肉体的にも精神的にもハードだ。もちろん息子だからと特別扱いはできない。叱責することもあった。

26年前の自分の姿を投影してしまったのかもしれない。俺にはできたのだから、お前もできると思ったのかもしれない。

残念でなかったと言えばうそになるが、その一方では仕方がないとも思う。僕は高校を中退し、なかなか就職できず、やっと入社した会社で嫌がらせを受ける。その後、父が亡くなり、母を助けるためにこの会社に入社した。息子は社会人経験がなくいきなりの入社だ。それまでの人生や入社の背景が違うし、そもそも人は皆一人ひとり違う。僕ができたから、息子もできるというわけではない。そして、いくら息子とはいえ、去るものは追わない。

いつかまた戻りたいと思えば、戻ってくればいい。他の社員同様、うちは出戻りでもまったく問題ない。むしろ歓迎する。退職は彼にとっては挫折の経験になったはずだ。そうした経験があり、それでも再度チャレンジしたいと思ったときの方が、うまくいく。門はいつでも開いている。もっともそのとき、僕がこの世にいるかはわからない。ただ、少なくとも「親父はいろいろなことをやった人なんだ」とは思ってもらいたい。

一方、息子が帰ってくるのがしばらく先になっても、あるいは戻ってこなくても、北洋建設は大丈夫だという思いもある。実際、僕は社長になってからは現場に出ていない。それでも十分うまく回っている。

いちばん大事なものは

僕が余命を抱えながら活動していることが知られるようになってから、学校などに呼ばれて、人前で話をする機会が増えた。

子どもたちを前に話をするとき、必ず言うことがある。

それは、自分を大切にしてほしい、ということだ。

講演では、参加している子どもや保護者の方に、大切なものは何ですか、と質問をしている。

「家族」「友達」「お金」など、さまざまな答えが返ってくる。

そうすると、僕はこう言っている。

「家族や友達を大切に思うのも、お金を使うのも自分です。だから自分を大切にしてください。将来、嫌なことがあっても自分を守ってください。自殺する人もいますが、自分は必要な人間ということを覚えておいてください」

これは子どもだけでなく、すべての人に対するメッセージだ。
僕の信念の一つと言ってもいい。
人生でいちばん大事なものは自分だ。
自分をちゃんと愛しているから、ほかの人にも愛情を注げる。
自分の花を大きく咲かせることが、結果的に他人の花を咲かせることにつながる。

元受刑者に、罪を隠さない、嘘をつかないことを約束してもらっているのも同じ理由だ。罪を隠したり、嘘をついたりすることは、自分を大切にしていない、自分を傷つけていることにほかならない。
そもそも自分を愛し、大切にしていれば、罪を犯す確率は低くなる。

自分を大切にする。

自分の代わりはいないのだ。

元受刑者の雇用も自分がいなければやる人がいないと思ってやっている。

脊髄小脳変性症になったからこそ、困っている人たちの気持ちもすごくわかるようになった。

脊髄小脳変性症になったからこそできたこと、実現したことがたくさんある。


自分を大切にするから、自分をあきらめない。

人のこともあきらめない。

人は変わる。そういう人たちをこれまで何度となく見てきた。

だから、入社早々いなくなる人がいても、受け入れ続ける。


余命がわずかだとか、身体が不自由だとか、十分に話せないだとかは、不幸だとは思っていない。

死ぬのは嫌だし、家族や社員たちのことを考えるとなんともいえない気持ちにもなる。また、身体が動かせなかったり、話せなかったりするのは、本当にきつい。それでも自分は幸せな人間だと思っている。

家族や社員など、自分の大切な人がいつもまわりにいてくれて、助けてくれる。ちょっと移動をするときに、若い社員が進んで肩をかしてくれる。病気だからと、古い友人たちも会いに来てくれる。

元請けの会社が仕事を出してくれるから、会社が回っているし、取引先に行けば「病気の体でよく来てくれた」と喜んでくれる。

社員には「病気の俺がこれだけできるんだから、お前たちも頑張れ」と言える。そして実際に頑張ってくれる。

なにより、元受刑者の社員たちが、更生して社会に根を張っていく姿を間近で見ることができる。

やはり自分は幸せだ。

自分を愛していれば、前を向くことができる。
だから、いちばん大事にするべきは自分だと思う。
幸せをかみしめて、今できることを精いっぱいやろう。

著者紹介

小澤輝真（おざわ・てるまさ）

撮影：ナリタマサヒロ（マーヴェリック）

北洋建設株式会社代表取締役社長
1974年、北海道札幌市生まれ。1991年、創業者である父の死に伴い、18歳で北洋建設入社。2012年、父と同じく進行性の難病である「脊髄小脳変性症」を発症し、余命10年とつげられる。2013年より現職。北洋建設は、創業以来500人以上の元受刑者を雇用。「人は仕事があれば再犯をしない」という信念のもと、余命宣告以降、より積極的に受け入れを進めると同時に、大学院へ進学し「犯罪者雇用学」を専攻。企業が元受刑者を雇用しやすい環境づくりを訴えている。
2009年、放送大学教養学部卒業。2012年、日本大学経済学部卒業。2015年、放送大学大学院修士課程修了。
東久邇宮文化褒賞、法務大臣感謝状など受賞・表彰多数。

余命《よめい》3年《ねん》 社長《しゃちょう》の夢《ゆめ》
～「見《み》えない橋《はい》」から「見《み》える橋《はし》」へ

〈検印省略〉

2019年 7 月 14 日 第 1 刷発行

著　者――小澤 輝真（おざわ・てるまさ）
発行者――佐藤 和夫

発行所――株式会社あさ出版
〒171-0022 東京都豊島区南池袋 2-9-9 第一池袋ホワイトビル 6F
電　話 03（3983）3225（販売）
　　　 03（3983）3227（編集）
FAX 03（3983）3226
URL http://www.asa21.com/
E-mail info@asa21.com
振　替 00160-1-720619
印刷・製本 （株）ベルツ

乱丁本・落丁本はお取替え致します。

facebook http://www.facebook.com/asapublishing
twitter http://twitter.com/asapublishing

ISBN978-4-86667-151-2 C2034